Peter Fischer

Neu auf dem Chefsessel

Peter Fischer

Neu auf dem Chefsessel

Erfolgreich durch die ersten 100 Tage

verlag
moderne industrie

Die Deutsche Bibliothek – CIP-Einheitsaufnahme

Fischer, Peter: Neu auf dem Chefsessel: erfolgreich durch die ersten 100 Tage / Peter Fischer – 4. Auflage – Landsberg/Lech : Verl. Moderne Industrie, 1998
ISBN 3-478-34553-7

4. Auflage 1998

Internet: http://www.mi-verlag.de

Umschlaggestaltung: Liebe & Partner, Landsberg/Lech
Satz: abc Media-Services, Buchloe
Druck und Bindearbeiten: Friedrich Pustet, Regensburg
Printed in Germany 340553/039801
ISBN 3-478-34553-7

Inhaltsverzeichnis

Teil II
Die Dynamik im Führungswechsel

Vorwort zur 4. Auflage

Fünf Jahre sind vergangen, seitdem „Neu auf dem Chefsessel – Erfolgreich durch die ersten 100 Tage“ zum ersten Mal erschienen ist. Das große Interesse an dem Buch hat uns darin bestätigt, wie wichtig es heute ist, Führungswechsel gezielt zu planen, ihre Dynamik zu kennen, die Chancen des Wechsels zu nutzen und unnötige Fehler zu vermeiden.

Die von uns im vergangenen Jahr durchgeführte Studie „Führungswechsel in deutschen Unternehmen“ hat die im Buch prognostizierte Beschleunigung der Wechsel von Führungspositionen eindrücklich bestätigt: Die durchschnittliche Verweildauer von Führungskräften beträgt gerade noch 3,4 Jahre mit weiter fallender Tendenz. In dynamischen Bereichen mit häufigen Organisationsveränderungen werden Führungspositionen bereits alle zwei Jahre neu besetzt. Weiterhin wurde in der Untersuchung deutlich, daß Führungswechsel nicht mehr der Karriereentwicklung dienen, sondern in erster Linie ein Instrument der Organisationsveränderung sind. So stehen bei den Anforderungen, die an neue Führungskräfte gestellt werden, die Erwartungen an Veränderungen auf Strategie- und Führungsebene an erster Stelle. In Zukunft werden sich Führungskräfte immer stärker auf Veränderungsprozesse konzentrieren, und die Ablösung von nicht erfolgreichen Wechslern wird schneller erfolgen.

Mit dem Buch wünsche ich allen Wechslern Freude an der Veränderung und Erfolg bei der Bewältigung ihrer neuen Aufgaben.

Hamburg, im März 1998 Dr. Peter Fischer

Einleitung

Erfolgreiche und weniger erfolgreiche Führungswechsel: Faktoren, die den Unterschied machen

Heinrich von Pierer folgt Karl-Heinz Kaske auf den Vorstandssessel bei Siemens in München, Martin Kohlhausen übernimmt den Stuhl von Wolfgang Seipp bei der Commerzbank, und IBM sucht händeringend nach einem Nachfolger für John Aker. Bernd Pischetsrieder wird überraschend zum Nachfolger von Eberhard von Kuehnheim bei BMW bestimmt, und Ferdinand Piëch rückt an die Spitze von VW. Jürgen Wille bei Springer, Henning Schulte-Noelle bei der Allianz und Jürgen Weber bei der Deutschen Lufthansa, sie alle sorgen für mehr oder weniger spektakuläre Führungswechsel in den Vorstandsetagen der großen Unternehmen.

Führungswechsel gehören zum Alltag in Unternehmen und bergen doch immer wieder Überraschungen. So hat sich Christoph von Rohr vermutlich nicht träumen lassen, daß er nur zwei Jahre nach Übernahme der Geschäfte bei den Klöckner-Werken einen Vergleichsantrag zu stellen hat. Auch Jürgen Weber, der die Nachfolge von Heinz Ruhnau bei der Lufthansa antrat, dürfte den Einbruch so hart nicht erwartet haben. Das Klima für Führungswechsel ist rauher geworden, und die berühmten 100 Tage hat heute kaum einer mehr.

Dabei stellen die Führungswechsel in den Vorstandsetagen nur die Spitze des Eisbergs dar. Auch wenn komplette Rochaden, wie bei VW, eher die Ausnahme darstellen, weiß doch jeder, daß Veränderungen in der Spitze häufig eine Vielzahl von geplanten, aber auch überraschenden Führungswechseln auf den unteren Ebenen nach sich ziehen. Fachleute schätzen die Zahl der Führungswechsel im oberen Management auf über 150.000 im Jahr. Dabei hat sich nicht nur die absolute Zahl der Wechsel, sondern auch die Anzahl der Stationen, die ein Manager heute zu durchlaufen hat, kontinuierlich erhöht. Alle drei bis fünf Jahre ein Wechsel auf eine neue Position sind heute keine Ausnahme mehr, sondern eher die Regel.

Die Probleme im Führungswechsel sind auf allen Ebenen die gleichen. Wird es dem Neuen* gelingen, schnell eine Strategie zu entwerfen?

Wird er über die gleichen integrativen Fähigkeiten in der Mitarbeiterführung verfügen wie sein Vorgänger ? Wie wird er mit den zu erwartenden Marktturbulenzen umgehen? Wird er es schaffen, die Mitarbeiter neu zu motivieren und sie auf eine gemeinsame Strategie einzuschwören? Dies sind Fragen an den Neuen, die so oder so ähnlich bei jedem Führungswechsel gestellt werden. Spekulationen über die ersten Maßnahmen und die anstehenden Veränderungen eilen deshalb jedem Führungswechsel voraus. In den Cafeterias der Unternehmen werden die Erfahrungen und Mißerfolge des Neuen gehandelt, und kein Wirtschaftsmagazin verzichtet auf die Berichte über die aktuellen Führungswechsel in den Chefetagen.

Führungswechsel sind auch tatsächlich eine *Chance für das Unternehmen*. Der Neue hat Möglichkeiten, die kein anderer so leicht hat. Er kann vor allem in der Anfangsphase Fragen stellen, die schon lange nicht mehr gestellt wurden, strukturelle Veränderungen fordern, neue Ideen einbringen und Positionen neu besetzen – wenn er es richtig macht!

Von daher stellt sich fast zwangsläufig die Frage, was die erfolgreiche Führungskraft von der weniger erfolgreichen unterscheidet. Immerhin scheitern nach vorsichtigen Schätzungen rund ein Drittel aller Neubesetzungen innerhalb des ersten Jahres. Für die betroffenen Unternehmen bedeutet dies eine teure Fehlinvestition. Denn jeder Wechsel kostet ungefähr das Zweieinhalbfache eines Jahressalärs. Aber auch für die Führungskräfte ist eine mißlungene Positionsübernahme keine Freude, denn sie ist oft der Ausgangspunkt für einen Knick in der eigenen Karriere.

John Gabarrow, ein Professor für Human Resource Management an der Harvard Business School, ist einer der wenigen, der der Frage nach den *Erfolgsfaktoren im Führungswechsel* systematisch nachging. Im Rahmen einer umfangreichen Studie untersuchte er den *Prozeß der Positionsübernahme* auf hohen Führungsebenen und kam zu interessanten Ergebnissen.

---

* Führungswechsler können sowohl männlich als auch weiblich sein. Mangels einer sprachlich überzeugenden Lösung wird im folgenden die männliche Form verwendet (der Führungswechsler, der Neue, der Chef etc.), wobei jedoch stets die Vertreter beider Geschlechter gemeint sind.

- Das erste Ergebnis ist eine Bestätigung für die klassische Personalpolitik. *Brancheninsider* waren wesentlich erfolgreicher als *Branchenfremde.* Ihnen gelang es viel schneller, sich auf die neue Situation einzustellen und Wichtiges von Unwichtigem zu trennen. Natürlich hatten sie das Problem einseitiger Sichtweisen, aber die schnelle Handlungsfähigkeit wog dieses Handikap auf.
- Das zweite Ergebnis räumt mit dem Mythos *schneller* Führungswechsel auf. Der Verlauf von Positionsübernahmen mit den üblicherweise dazu gehörenden strukturellen und personellen Veränderungen erstreckt sich schnell über ein bis zwei Jahre. Dabei gliedert sich dieser Zeitraum in ein typisches Muster von Aktivitäten und Beobachtungen. Nach drei bis sechs Monaten haben die meisten Manager ihre ersten großen Veränderungen gestartet. Im Anschluß daran folgte eine Phase intensiver Beobachtung mit der Entwicklung einer tieferen Kenntnis der Organisation. Nach ca. 12 bis 18 Monaten erfolgte dann eine zweite Phase der Veränderungen.
- Ein entscheidender Faktor, der erfolgreiche von weniger erfolgreichen Führungskräften auf neuen Positionen unterscheidet, war in der Studie von Gabarrow die *Beziehung zu Schlüsselpersonen.* Drei von vier Managern der gescheiterten Positionsübernahmen hatten nach 12 Monaten schlechte Arbeitsbeziehungen zu ihren wichtigen Mitarbeitern. Sie hatten Konflikte über Zielsetzungen, Diskussionen über Führungsstil und Differenzen über die Kriterien effektiver Leistungen.

Dies deckt sich auch mit unseren Erfahrungen. Erfolgreiche Führungswechsler erkennen und entwickeln die Schlüsselbeziehungen. Sie gehen geschickt mit heimlichen Mitbewerbern und Vorgängern um. Sie vernetzen sich im Unternehmen und sind wesentlich erfolgreicher bei der Entwicklung gegenseitiger Erwartungen und der Verständigung auf gemeinsame Ziele.

Erfolgreiche Führungswechsler verfügen nach unseren Erfahrungen aber noch über eine Reihe weiterer Kompetenzen, die sie von den weniger erfolgreichen unterscheiden.

Zum einen gelingt es ihnen, die Vielzahl von Themen, Problemen und Erwartungen zu einem klaren und überschaubaren Konzept zu bündeln. Sie schaffen es, die Mitarbeiter mit einer *Vision* des zukünftigen Weges zu begeistern und zu außergewöhnlichen Leistungen anzuspornen. Louis R. Hughes ist ein Beispiel dafür, wie man mit einer solchen Vision ein ganzes Unter-

Erfolgreiche Führungswechsler	Weniger erfolgreiche Führungswechsler
• verfügen über besseres Wissen und Branchenkenntnisse; sie trennen schneller Wichtiges von Unwichtigem.	• sind häufig branchenfremd; sie müssen sich erst orientieren und brauchen dafür zuviel Zeit.
• erkennen und entwickeln Schlüsselbeziehungen; sie gehen geschickt mit heimlichen Mitbewerbern und Vorgängern um; sie vernetzen sich im Unternehmen und sind teamorientiert.	• konzentrieren sich zu sehr auf die zu bewältigenden Aufgaben und vernachlässigen die Entwicklung vertrauensvoller Arbeitsbeziehungen; sie sind oft Einzelkämpfer.
• verstehen es, die Vielzahl der Themen und Probleme zu einer Vision zu bündeln und die Mitarbeiter zu motivieren.	• arbeiten an zu vielen Ansätzen gleichzeitig ohne überzeugende Strategie; sie konzentrieren sich auf die Beseitigung von Schwachstellen.
• verständigen sich mit ihren Vorgesetzten über Strategie und Führungsstil.	• geben sich mit undifferenzierten Erwartungen ihrer Vorgesetzten zufrieden.
• verfügen über Führungswechselwissen; sie vermitteln Sicherheit und Vertrauen, da sie Entwicklungen einschätzen können.	• lassen sich zu leicht überraschen; sie konzentrieren sich zu einseitig auf Veränderungen und vernachlässigen damit das Bedürfnis der Mitarbeiter nach Stabilität und Sicherheit.

Abb. 1: Was unterscheidet erfolgreiche von weniger erfolgreichen Führungswechslern?

nehmen in nur wenigen Jahren neu ausrichten kann. Mit seiner Idee aus dem eher behäbigen Automobilproduzenten Opel das modernste Unternehmen dieser Art in Europa zu machen, gelang es ihm, Mitarbeiter auf allen Ebenen zu mobilisieren und einen Produktivitäts-, Organisations- und Kommunikationsstandard zu schaffen, der seinesgleichen sucht. Nicht umsonst greifen Unternehmen wie VW, die diese Aufgabe noch vor sich haben, gleich reihenweise in die Führungsmannschaft von Opel.

Eine weitere Eigenschaft, die erfolgreiche Führungswechsler von weniger erfolgreichen vor allem in Krisensituationen unterscheidet, ist ihr *Stehvermögen.* Erfolgreiche Führungswechsler vermitteln innerhalb kürzester Zeit die Sicherheit, daß die gesetzten Ziele erreicht werden. Sie wissen um die Notwendigkeit der Entwicklung von Selbstvertrauen und lassen sich nicht durch immer neu auftretende Hindernisse abschrecken. Der Hintergrund ist meist, daß sie bereits mehrere Jobwechsel hinter sich haben und sie sich damit ein differenziertes Wissen über den Verlauf von Positionsübernahmen angeeignet haben.

Branchenkenntnisse, die Gestaltung der Schlüsselbeziehungen, die Entwicklung einer kommunizierbaren Vision und die Vermittlung von Sicherheit und Glaubwürdigkeit sind einige der Faktoren, die erfolgreiche Führungswechsler von weniger erfolgreichen unterscheiden. Sie sind keine angeborenen Eigenschaften, sondern eine durch praktische Erfahrung entwickelte Kompetenz. Dabei scheint es auch ein spezielles Führungswechsel-Know-how zu geben, das erfolgreiche Führungswechsler auszeichnet. Nicht umsonst achtete man vor allem dann, wenn es um eine schwierige Positionsübernahme geht, auf die Erfahrung des Neuen mit vergleichbaren Situationen.

Wir haben in den letzten Jahren viele Führungskräfte auf neue Positionen vorbereitet und daraus ein Konzept für die erfolgreiche Gestaltung von Führungswechseln entwickelt. Dieses Konzept mit *sieben Bausteinen* werden wir Ihnen in den nächsten Abschnitten vorstellen. Hier finden Sie die Antworten auf die Fragen, die sich jedem stellen, der eine neue Position antritt: Wie gehe ich mit der Vielzahl von Erwartungen um? Was mache ich mit enttäuschten Mitbewerbern? Welche Rolle spielt mein Vorgänger? Wie finde ich die richtigen Themen? Wann starte ich mit den ersten Veränderungen? Wie bewältige ich die Skepsis meiner Mitarbeiter? Welche Kontakte brauche ich zu den Kollegen? Wo verbergen sich Schlüsselpersonen?

In einem zweiten Teil dieses Buches werden wir dann an praktischen Beispielen typische Führungswechselsituationen beschreiben. Wir werden Ihnen zeigen, worauf es ankommt, wenn Sie aus den eigenen Reihen aufsteigen oder wenn Sie von außen kommen. Wir werden beschreiben, was es bedeutet, die Nachfolge eines großen Vorgängers anzutreten oder der Retter für ein schwaches Team zu sein. Auch mit den speziellen Anforderungen bei einem Turnaround werden wir uns beschäftigen.

Den Abschluß bildet ein ausführlicher Bericht einer Positionsübernahme. Am Beispiel eines regionalen Vertriebsleiters werden wir Ihnen die Stationen eines Führungswechsels detailliert schildern. Wir beschreiben die Gespräche, die Themen und auch die Überraschungen, die bei einer Positionsübernahme bewältigt werden wollen, wenn sie erfolgreich sein soll.

Teil I
Die 7 Bausteine erfolgreicher Führungswechsel

Baustein 1
Den Erwartungen offensiv begegnen

Fangen Sie
mal an

Ich habe
volles

Vertrauen
zu Ihnen

Das Sicherste am Führungswechsel sind die Erwartungen. Führungswechsel scheinen eine fast magische Anziehungskraft zu besitzen und alle Wünsche und Hoffnungen auf Veränderungen ans Tageslicht zu fördern. *„Mal sehen, ob es ihm gelingt, unser Image zu verbessern?"*, *„Als erstes brauchen wir eine bessere materielle Ausstattung"* und *„Es wäre schön, wenn wir endlich ein Team würden"* sind Äußerungen, die einem Führungswechsel häufig vorauseilen. In manchen Fällen verdichten sie sich zu fast uneinlösbaren Erwartungen, wie bei Jürgen Wille, der 1991 zu Springer kam. Er sollte nicht nur das Portfolio neu sortieren, Verlustbringer auf Erfolgskurs bringen, den

Dauerkonflikt um RTL+ lösen, sondern sich auch noch in den schwierigen Beziehungen unter den Eigentümern zurechtfinden.

Der geschickte Umgang mit den Erwartungen gehört deshalb zu den ersten Kompetenzen, über die erfolgreiche Führungswechsler verfügen müssen. Wie schaffen es Führungskräfte, sich scheinbar unbeirrt durch die Fülle der oft überhöhten Erwartungen zu bewegen und ihren eigenen Kurs zu entwickeln? Gibt es überhaupt typische Erwartungen im Führungswechsel, oder ist nicht jeder Führungswechsel anders? Welche Erwartungen gilt es ernst zu nehmen und welche nicht? Aus welchen Richtungen kommen die Erwartungen, und wie kann man ihnen offensiv begegnen?

1. „Fangen Sie mal an. Ich habe volles Vertrauen zu Ihnen!"

Dieser Satz stand am Ende eines ersten Gespräches zwischen einem Regionalleiter und seinem neuen Filialleiter. Er kannte ihn seit zwei Jahren und hielt ihn für bestens geeignet, die zweifellos schwierige Aufgabe der Umstrukturierung eines großen Filialnetzes zu realisieren. Über hundert Mitarbeiter, die Realisierung einer neuen Strategie und die Aufgabe, einige Filialen zu schließen, waren die Eckdaten dieser Positionsübernahme.

Ein Jahr später empfahl er ihm, *„sich nach einer neuen Aufgabe umzusehen"*. Hinter der pauschalen Vertrauensäußerung steckte offensichtlich ein differenziertes Bündel von Erwartungen, über das sich die beiden – wie sich später herausstellen sollte – nur unvollständig verständigt hatten.

„Ich dachte, daß Sie sich zunächst auf die kostenwirksamen Anteile ihrer Aufgabe konzentrieren" und *„daß Sie mich in meiner Position in der Geschäftsleitung durch schnelle Erfolge unterstützen"* waren nur einige der unausgesprochenen Erwartungen. Sie wurden erst im Verlauf der Positionsübernahme deutlich, nachdem sich beide schon weit auf ihre eigenen und voneinander unterschiedlichen Positionen festgelegt hatten. Angespannte Rahmenbedingungen und einige aktuelle Konflikte sorgten dann für das unerwartete Ende.

Die *Erwartungen der Vorgesetzten* sind für neue Führungskräfte ein eher dunkles Kapitel. In meinen Beratungen frage ich Führungskräfte gleich zu Beginn nach den Vorstellungen ihrer Vorgesetzten und erhalte meist nur magere Antworten. Entgegen allen Forderungen nach klaren Zielen wird

Erwartungen

Welches sind die drei wichtigsten Ziele Ihrer Vorgesetzten für das erste halbe Jahr?

Was wurde in den vergangenen zwei Jahren alles unternommen, um diese Ziele zu erreichen?

Erwartungen

Welche Erklärungen haben Ihre Vorgesetzten, daß die gesetzten Ziele bislang noch nicht erreicht wurden?

Inwieweit unterscheiden sich die Erklärungen der Mitarbeiter von den Einschätzungen der Vorgesetzten?

Welche Erwartungen richten Mitarbeiter, aber auch Kunden und Lieferanten nach Meinung Ihrer Vorgesetzten an Sie?

Was ist nach Meinung Ihrer Vorgesetzten entscheidender für Ihren Erfolg: das Vertrauen Ihrer Mitarbeiter, die Beziehung zu einigen Schlüsselpersonen oder zu Kunden und Lieferanten?

Beziehungen

Welche Veränderungen von Personen und Positionen haben im Rahmen des Führungswechsels bereits stattgefunden?

Wer wird sich nach Meinung Ihrer Vorgesetzten übergangen fühlen?

Wer hat sich an der Bewältigung der Übergangsphase bislang aktiv beteiligt?

Welche Personen wurden bisher bei wichtigen Entscheidungen hinzugezogen?

Abb. 2: Was Sie vor Antritt Ihrer neuen Position wissen sollten

gerade bei einem so entscheidenden Ereignis wie bei der Besetzung einer neuen Position häufig auf die Präzisierung der Erwartungen verzichtet. Wenn überhaupt, dann konzentriert man sich auf die gewohnten quantitativen Ziele und nennt mehr Umsatz, besseren Deckungsbeitrag und geringere Kosten als wichtige Erwartungen. So zentrale Erwartungen wie die Unterstützung bei der eigenen Arbeit oder die Sicherung von Loyalität werden nur selten ausgesprochen. Sie gelten als selbstverständlich und werden nur dann zum Thema, wenn ihnen nicht entsprochen wird. Oft nehmen sich die Vorgesetzten aber einfach zuwenig Zeit. Sie verlassen sich auf ein kurzes Gespräch mit ihrer neuen Führungskraft, auf das sie sich im allgemeinen nur ungenügend vorbereiten.

Da neue Führungskräfte meist auf eine Präzisierung der Erwartungen verzichten, um nicht gleich zu Anfang als „unsicher" eingeschätzt zu werden, sind Mißverständnisse vorprogrammiert. Viele Führungskräfte fragen oft nicht nach den einfachsten Dingen, wie z.B. nach wichtigen Zeitmarken und den Kriterien für einen Erfolg in ihrer neuen Position. Dies wiegt um so schwerer, wenn Führungskräfte aus einem anderen Bereich oder gar von einem anderen Unternehmen kommen. Hier konzentrieren sie sich in den Verhandlungen meist auf die vertraglichen Konditionen und ihre Zukunftsperspektive. Auf eine Beschreibung der Situation, die sie betreten und von der ihr zukünftiger Erfolg abhängt, verzichten sie oft, ohne sich über die Konsequenzen für sich im klaren zu sein.

2. Die Erwartungen der Mitarbeiter

Die Erwartungen von seiten der Mitarbeiter scheinen auf den ersten Blick wesentlich klarer. Oft nennen sie schon gleich zu Beginn ihre Erwartungen und Hoffnungen: *„Endlich sind Sie da, Sie müssen als erstes unsere Unterbesetzung lösen"*, *„Was wir dringend brauchen, sind neue PCs"* oder *„Sie haben doch einen guten Kontakt zum Außendienst, vielleicht können Sie dafür sorgen, daß diese besser mit uns zusammenarbeiten"*. Vor allem dann, wenn das Team in Schwierigkeiten ist und Sie als Retter gehandelt werden, bekommen sie gleich zu Beginn eine Fülle von Problemen auf den Tisch.

Aber auch von den Mitarbeitern wird nur ein Teil der Erwartungen offen ausgesprochen. Am ehesten werden noch jene Erwartungen deutlich formuliert, bei denen es um die Lösung alter Probleme geht. *Besserer Informationsfluß, größerer Teamgeist* und *konstruktivere Zusammenarbeit* sind einige der Dauerthemen, die schnell genannt werden.

Wesentlich zurückhaltender sind die Mitarbeiter bei der Äußerung ihrer persönlichen Erwartungen. Erst wenn man geduldig hinterfragt, welches denn ihre Wünsche an den Neuen sind, kommen die sonst unausgesprochenen *Erwartungen nach persönlicher Sicherheit und Weiterkommen* auf den Tisch. Mitarbeiter plagen dann noch ganz andere Sorgen, wie wir in unseren Beratungen leicht feststellen können. *„Wird es dem Neuen gelingen, unser Klima zu verbessern?“*, *„Werde ich eine bessere Chance für meine berufliche Entwicklung bekommen?“* oder *„Wird es ihm gelingen, uns nach außen besser zu vertreten?“* sind Fragen, die sie bewegen, ohne daß sie immer ausgesprochen werden.

3. Die Erwartungen der Kollegen

Offene und unausgesprochene Erwartungen gehören zum Führungswechsel. Deshalb kommt es darauf an, nicht nur auf die offenen Erwartungen, sondern auch auf die zwischen den Zeilen zu hören. Erfolgreiche Führungskräfte auf neuen Positionen hören aber nicht nur auf das Unausgesprochene, sondern auch in die unterschiedlichsten Richtungen. Erwartungen kommen nämlich nicht nur von oben und von unten, sondern auch von der Seite. Gerade die Kollegen stellen eine wichtige und gern unterschätzte Einflußgröße dar. Dabei sind sie gerade dann, wenn es um die Umsetzung wichtiger Veränderungen geht, von besonderer Bedeutung.

Herr R. war neu im Unternehmen. Er kam von einem Mitbewerber, der für ein fortschrittliches Vertriebskonzept bekannt war. Seine Aufgabe als Marketingleiter war dann auch, neue Konzepte zu entwickeln und damit den Vertrieb „in Schwung zu bringen“. Er hatte sich auf eine Reise in die Regionen begeben und eine ganze Fülle von Ideen entwickelt. Diese reiften in ausführlichen Gesprächen mit seinem Vorgesetzten, der ebenfalls erst vor ca. 2 Jahren diese Position übernomen hatte, zu einem Konzept.

„Ich weiß gar nicht, was die haben? Als ich in unserem letzten Meeting einige meiner Ideen präsentierte, waren meine Kollegen, die regionalen Vertriebslei-

ter, mehr als reserviert. Auch mein Kollege von der Werbung zeigte nur wenig Unterstützung. Dabei war ich noch sehr vorsichtig mit meinen Vorschlägen.“

Vom Vorgesetzen

- Machen Sie es am besten so, wie ich es machen würde.
- Machen Sie so schnell wie möglich.
- Seien Sie loyal.
- Unterstützen Sie mich in meiner Position

Von den Mitarbeitern

- Lösen Sie unsere Probleme, ohne daß wir viel dafür tun müssen.
- Zeigen Sie, daß Sie auch nicht alles können.
- Lassen Sie uns unsere Positionen.
- Sorgen Sie für unsere Entwicklung.

Von den Kollegen

- Bringen Sie uns neue Ideen, ohne daß unsere Arbeit entwertet wird.
- Respektieren Sie unsere Leistung.
- Verbünden Sie sich nicht gegen uns.
- Informieren Sie sich über unsere Spielregeln.

Abb. 3: Unausgesprochene Erwartungen im Führungswechsel

Was war passiert? Etwas ganz Typisches. Herr R. hatte sich voller Elan auf seine neue Aufgabe gestürzt, Informationen gesammelt und sich eng mit seinem Vorgesetzten abgestimmt. Dabei hatte er zwei Dinge vergessen:

- daß sein Vorgesetzter selbst noch nicht allzu lange im Amt ist und damit noch nicht das Vertrauen von allen Führungskräften hat;
- daß Kollegen immer zurückhaltend reagieren, wenn ein Neuer allzu forsch neue Ideen präsentiert. Sie befürchten, daß ihre bisherige Arbeit zuwenig Würdigung erfährt.

Herr R. hatte es auch versäumt, in seinen Gesprächen vor Ort sich nach den bisherigen erfolgreichen Konzepten ausführlich zu erkundigen. Er hatte sich viel zu schnell darauf konzentriert, was man alles anders machen kann. Schließlich hatte er den direkten Vergleich zu seinem früheren Unternehmen.

Kollegen erwarten von einem Neuen in ihren Reihen, daß er sich nach ihren Spielregeln erkundigt, nicht zu schnell neue Ideen präsentiert und keine allzu einseitige Allianz mit der Hierarchie eingeht. Kollegen erwarten auch fast immer Respekt und Anerkennung. Sie gehen auch davon aus, daß der Neue auf sie zugeht und nicht umgekehrt. Herr R. hätte es sich leichter machen können, wenn er sich in seinen Gesprächen etwas mehr darauf konzentriert hätte, was bisher zum Erfolg des Unternehmens beigetragen hat. Wenn es ihm dann noch gelungen wäre, in der Präsentation seiner Ideen die Vorarbeit der Kollegen zu würdigen, hätte er sicherlich spontan mehr Unterstützung erfahren.

4. Erwartungen aktiv entwickeln

Die Erwartungen von Mitarbeitern, von Vorgesetzten und von Kollegen sind wichtig; die Erwartungen von Nachbarabteilungen, Betriebsrat und aufgestiegenen Vorgängern ebenfalls. Dabei kommt es immer darauf an, neben den offenen Erwartungen auch nach den unausgesprochenen zu suchen.

Ich werde oft gefragt, ob es nicht gefährlich sei, zuviel nach den Erwartungen zu fragen. Schließlich bestünde dabei die Gefahr, daß man Hoffnungen weckt, die man nicht erfüllen kann. Manche Führungskräfte ziehen es deshalb vor, wenn sie sich schon nicht den Hinweisen und Anregungen ihrer Mitarbeiter entziehen können, zumindest nicht aktiv nach den Erwartungen zu fragen. Damit verschenken sie eine wichtige *Chance im Führungswechsel.* Um dies besser verstehen zu können, möchte ich noch einen kurzen Ausflug in die *Logik der Erwartungen* machen. *Was heißt überhaupt er-warten? Was verbirgt sich hinter den Erwartungen, und wie geht man am besten damit um?*

- Erwartungen sind *Wünsche, Ideen, Hoffnungen, Lösungsvorschläge* und *Anregungen.* Sie sind kein Programm und keine Aufgaben, die es zu erfüllen gilt. Im Gegenteil, wenn ich Mitarbeiter nach ihren Erwartungen frage und sie vorher darauf hinweise, daß jede geäußerte Erwartung sofort zu einem Programm wird, würde ich nur wenige Antworten bekommen. Insofern sind Erwartungen nichts anderes als Einschätzungen und Anregungen, die allerdings einen ausgezeichneten Einblick in die Sicht-

Einige Fragen

„Sind diese Erwartungen schon alt?“

„Mit wem teilen sie diese Erwartungen?“

„Sind damit noch andere Erwartungen verknüpft?“

„Welche Erwartungen werden vermutlich aus anderen Abteilungen an uns formuliert werden?“

„Welche Effekte kann man sich davon versprechen, wenn die genannten Erwartungen erfüllt würden?“

„Warum erwarten sie das gerade von mir?“

Abb. 4: Erwartungen offensiv begegnen

weise des Befragten geben. Sie sind gleichzeitig die Perspektiven, unter denen mein eigenes Handeln beurteilt wird.

- Deshalb muß ich Erwartungen kennen. Nur so erspare ich mir einen Blindflug und weiß, wie mein Handeln eingeschätzt wird.

❑ Das zweite, was man wissen muß, wenn man Erwartungen aktiv begegnen will, ist, daß Erwartungen *nicht logisch* sind. Im Gegenteil, sie sind eine Mischung aus emotionalen Wünschen und sachlichen Lösungsvorschlägen, die oft im Widerspruch zueinander stehen.

- Deshalb muß ich Erwartungen differenzieren und hinterfragen.

❑ Erwartungen stehen für eine Grundhaltung – die des Wartens. *„Mal sehen, ob es ihm gelingt"* ist ein Satz, den Sie in Führungswechseln oft zu hören bekommen. Dahinter verbirgt sich eine passive Haltung des Abwartens. Deshalb müssen Erwartungen in Aufgaben übersetzt werden.

- Sie müssen fragen, welche Erwartungen zu gemeinsamen Aufgaben werden können.

Nehmen Sie sich nun etwas Zeit und überlegen Sie, wer was von Ihnen will. Sollten Sie dabei feststellen, daß Sie aus manchen Richtungen gar nicht wissen, was man von Ihnen erwartet, dann betrachten Sie dies als Aufforderung für ein gezieltes Gespräch.

Liste 1: Offene und unausgesprochene Erwartungen aus den verschiedenen Richtungen

1. Was erwarten Ihre Vorgesetzten von Ihnen?

offen ausgesprochen: ______________________________

____

____

unausgesprochen: ______________________________

____

____

2. Was erwarten Ihre Mitarbeiter von Ihnen?

offen ausgesprochen: ______________________________

____

____

unausgesprochen: ______________________________

____

____

3. Was erwarten Ihre Kollegen von Ihnen?

offen ausgesprochen: ______________________________

____

unausgesprochen: ___

4. *Was erwarten Ihre Kunden von Ihnen?*

offen ausgesprochen: ___

unausgesprochen: ___

5. *Was erwartet Ihr Vorgänger von Ihnen?*

offen ausgesprochen: ___

unausgesprochen: ___

6. Was erwartet Ihre Familie von Ihnen?

offen ausgesprochen: ____________________

____

____

unausgesprochen: ____________________

____

____

7. Was erwarten Sie von sich?

offen ausgesprochen: ____________________

____

____

unausgesprochen: ____________________

____

____

8. Welche Erwartungen will ich genauer überprüfen?

1 ____________________

____

____

2

3

Memo: Zusammenfassung zu Baustein 1

1. Fragen Sie *offensiv* in die verschiedenen Richtungen nach den Erwartungen.

   Fragen Sie Vorgesetzte, Mitarbeiter, Kollegen und Kunden. Betrachten Sie die geäußerten Erwartungen als *Anregungen* und *Sichtweisen* für die Gestaltung Ihrer eigenen Strategie.

2. *Fragen differenzieren die Erwartungen.*

   Fragen Sie nach der Bedeutung der Erwartung, nach der Dringlichkeit und danach, mit wem die Erwartungen geteilt werden.

3. Erkunden Sie in Gesprächen und Meetings Erwartungen, die zu *gemeinsamen Aufgaben* entwickelt werden können.

   Greifen Sie aber Ihren eigenen konzeptuellen Vorstellungen noch nicht vor.

Einige sichere Fehler

Ein relativ sicherer Weg in Schwierigkeiten ist:

- **Erwartungen als Aufgaben zu betrachten, die sofort erfüllt werden müssen**
- **die Erwartungen der Kollegen nach Respekt und Anerkennung zu vernachlässigen**
- **die unausgesprochenen Erwartungen Ihrer Vorgesetzten zu ignorieren**
- **die Erwartungen Ihrer Mitarbeiter hinsichtlich Stabilität und Sicherheit zu vergessen**

Baustein 2
Die Schlüsselbeziehungen entwickeln

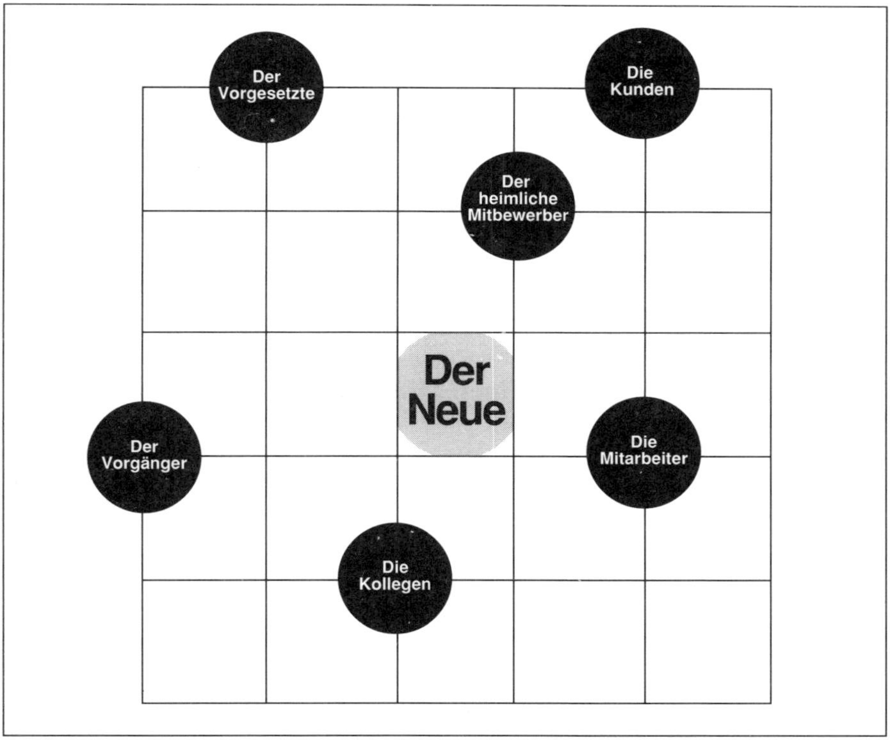

Die meisten Führungswechsel scheitern an den Schlüsselbeziehungen. Das spektakulärste Beispiel der letzten Jahre war wohl der schnelle Rückzug des ehemaligen IBM-Managers Reiner-Maria Gohlke vom Vorsitz bei der Treuhand. Nach nur sechs Wochen erklärte er seinen Rücktritt. *„Die Chemie zwischen mir und Rohwedder stimmte nicht“*, wie er später bekundete. Er hatte es in der Hektik der Ereignisse versäumt, sich mit Rohwedder über eine gemeinsame Strategie zu verständigen. *„Und die muß stimmen“*, so Gohlke zwei Jahre später selbstkritisch, *„wenn die Aufgabe erfolgreich bewältigt werden will.“*

Die Beziehungen zu den Shareholdern, zu den Vorgesetzten und zu den Mitarbeitern, aber auch zu den Kunden und Kollegen entscheiden in vielen Fällen über das Gelingen eines Führungswechsels. Denn Unklarheiten und Mißverständnisse in wichtigen Beziehungen führen leicht zu Reibungsverlusten, die gerade in der schwierigen Anfangsphase einer Positionsübernahme kaum ausgeglichen werden können. Blockieren gar enttäuschte Mitbewerber oder heimliche Konkurrenten die Handlungen der neuen Führungskraft, so kann dies leicht zu einer zermürbenden Aufgabe werden.

„Wo verbergen sich nun aber die Schlüsselbeziehungen?“, „Wie gehe ich um mit heimlichen Mitbewerbern und informellen Führern?“, „Welche Kontakte brauche ich, um wichtige Veränderungen in Gang zu setzen?“,“ Was muß ich von meinem Vorgesetzten wissen, um erfolgreich handeln zu können?“ sind die Fragen, mit denen sich jeder, der eine neue Position übernimmt, beschäftigt bzw. beschäftigen sollte.

1. Vom Umgang mit enttäuschten Mitbewerbern und heimlichen Konkurrenten

Schlüsselbeziehungen im Führungswechsel sind ganz einfach jene Beziehungen, die für den erfolgreichen Verlauf der Positionsübernahme von Bedeutung sind. Das Problem ist nur, daß man meistens hinterher viel besser weiß, welches Schlüsselbeziehungen waren und welche nicht.

Natürlich ist der Mitarbeiter, der in der Zeit, als die Stelle vakant war, wichtige Führungsaufgaben wahrnahm, eine *Schlüsselperson.* Er hat nicht nur aus Sicht der Mitarbeiter Aufgaben wahrgenommen, die nun der Neue wahrnehmen wird, sondern auch, ob er es zugibt oder nicht, Ansprüche auf die Führungsposition entwickelt.

Herr G., Leiter eines Forschungsbereichs in einem großen Unternehmen, ist hierfür ein typisches Beispiel. Er ist 42 Jahre alt und seit acht Jahren im Unternehmen. Zuvor war er an der Hochschule und hat dort bereits internationale Forschungsprojekte geleitet. Er ist Spezialist in seinem Bereich und vom Unternehmen gezielt gesucht worden. Vor einem Jahr ist sein Chef, der Leiter des Forschungsbereichs, überraschend verstorben. Er wurde gebeten, diese Aufgabe wahrzunehmen, da man ihm nicht nur die nötige Fachkompetenz, sondern auch einiges an Führungsqualität zusprach. Man teilte ihm aber auch von Anfang an mit, daß dies auf keinen Fall eine Option auf diese führende Position darstellen sollte. Im Gegenteil, man sei bereits in Verhandlungen mit einem Nachfolger und hoffe, in wenigen Monaten neu besetzen zu können.

Es kam anders. Über ein Jahr war die Stelle vakant, da sich die Gespräche, von denen anfangs die Rede war, sehr schnell zerschlugen. Herr G. war

1 Befindet sich der Mitbewerber in Ihrer neuen Mannschaft, so sprechen Sie ihn direkt an.
Es ist Ihre Aufgabe, er wird es nicht tun.

2 Zeigen Sie Verständnis für seine Enttäuschung, *und* erörtern Sie die Möglichkeit einer fachlichen Zusammenarbeit.
Wichtig: Sie können nicht ent-enttäuschen.

3 Sollte Ihr Mitbewerber stark enttäuscht sein, bauen Sie ihm eine Brücke.
Fragen Sie ihn, wieviel *Zeit* er vermutlich benötigt.

4 Achten Sie auf Ihr Beziehungsangebot: emotionale Akzeptanz für seine Enttäuschung *und* sachliche Erörterung einer baldigen konstruktiven Zusammenarbeit.

Abb. 5: Vom Umgang mit enttäuschten Mitarbeitern

davon zunächst überhaupt nicht begeistert, da er sich weder eine Chance auf diese Position ausrechnete noch großes Interesse daran hatte. Seine aktuellen Projekte forderten ihn stark als Fachmann und hatten auch das nötige Gewicht, um ihn auszufüllen. Oft war er zerrissen zwischen Fach- und Führungsaufgaben und letztlich bemüht, beides zu bewältigen.

Ein Jahr ist lang. Immer mehr gab er seine anfängliche Zurückhaltung in den Leitungsgremien auf und engagierte sich aktiv und kämpferisch, wie es seine Art war, für seinen Bereich. Ohne daß er dies bewußt wahrnahm, verlor er über die konkreten Anforderungen Schritt für Schritt und Monat für Monat die Distanz zu seiner Rolle als Interimsvertreter. Er begann sich immer mehr mit seinen Leitungsaufgaben zu identifizieren und ertappte sich des öfteren bei der Frage, ob diese Position nicht auf Dauer das richtige für ihn sei.

Die „freudige" Mitteilung der Geschäftsleitung, daß man nun endlich einen Nachfolger für den vor einem Jahr verstorbenen ehemaligen Chef des Forschungsbereichs gefunden habe, traf ihn wie ein Schlag. Er war empört, skeptisch und auch ärgerlich auf seine Vorgesetzten, die so lange seinen Einsatz in Anspruch genommen hatten. Auch die Mitarbeiter reagierten empört, da sie sich nach anfänglicher Skepsis auf Herrn G. eingestellt hatten. Zwar hatte er der Geschäftsleitung nichts vorzuwerfen, denn sie hatte nie etwas anderes gesagt, als daß sie einen Nachfolger suche. Trotzdem traf ihn die Enttäuschung tief und führte zu einer mehr als kritischen Haltung gegenüber dem Neuen.

Ein relativ sicherer Fehler im Führungswechsel wäre es, wenn man den heimlichen Mitbewerber links liegen ließe. Man hätte nicht nur sehr schnell Schwierigkeiten mit ihm, sondern auch mit den Mitarbeitern, die dann ganz auf seiner Seite stünden. Er will angesprochen und um Rat gefragt werden. Zeigen Sie Verständnis für seine Enttäuschung, und erörtern Sie sachlich die Möglichkeiten einer fachlichen Zusammenarbeit. Dabei müssen Sie sich allerdings bewußt sein, daß es nicht an Ihnen liegt, daß er enttäuscht ist.

An dieser Stelle werden oft Fehler gemacht im Umgang mit enttäuschten Mitbewerbern. Man macht Versprechungen, versucht Worte der Beruhigung zu finden und macht Hoffnungen auf zukünftige Perspektiven. Das ist falsch. Sie zeigen dem Enttäuschtem nur, daß der Neue keine Ahnung davon hat, was in ihm vorgeht. Sonst müßte er wissen, daß es ihm nicht um solche einfachen Dinge geht.

Die Unterstützung in einer solchen Situation besteht darin, dem enttäuschten Mitbewerber mit Verständnis und der sachlichen Frage, wie er sich die Zusammenarbeit in Zukunft vorstellt, zu begegnen. Es ist seine Aufgabe, diese Enttäuschung zu verarbeiten. Ihr Beitrag besteht darin, ihm ein faires Angebot zu machen und ihm damit eine Brücke zu bauen.

2. Die Bedeutung der Kollegen im Führungswechsel

Weitere wichtige Schlüsselbeziehungen finden sich im Kreis der *Kollegen.* Vor allem dann, wenn Sie größere Veränderungen vorhaben, möglicherweise bereits im Vorfeld des Positionswechsels als „Retter" gehandelt werden, können Sie sicher sein, daß der Kreis der Kollegen Ihnen mit Reserviertheit begegnen wird. Eine Mischung aus Hoffnung und Konkurrenz ist in solchen Situationen die emotionale Ausgangslage, in der so mancher Konflikt vorprogrammiert ist.

Recht deutlich wird der „Mechanismus", der hier zum Tragen kommt, am *Beispiel des jungen Vertriebsleiters, der in einem großen Handelshaus einen neuen Bereich aufbauen sollte. Natürlich gab es Mitbewerber, aber die waren nicht das Problem. Keiner beneidete ihn um seine Aufgabe, da es darum ging, in einem recht schwierigen Marktsegment Fuß zu fassen. Er kam von außen, kannte das Geschäft, aber nicht die internen Strukturen. Dann passierte etwas Typisches, aber für ihn sehr Gefährliches: Der Aufbau einer neuen Vertriebslinie nahm ihn so in Anspruch, daß er sich voll auf diese Aufgabe stürzte. Er kümmerte sich um seine Mitarbeiter und die Entwicklung der neuen Organisationsstruktur. Er entwarf Marketingkonzepte und verhandelte mit wichtigen Kunden. Das Ganze war nur mit einer Wochenarbeitszeit von 80 Stunden zu bewältigen.*

Nach sechs Monaten sollte er sein Konzept auf einer Konferenz erstmalig umfassend vorstellen. Gleichzeitig warb er bei seinen Kollegen, ihn bei der Ausweitung seines Geschäfts durch die Nennung möglicher Kunden zu unterstützen. Zu seiner Überraschung erntete er nichts als große Reserviertheit. Die Kollegen hinterfragten kritisch die Dauerhaftigkeit seines Erfolgs und empfahlen ihm, seine Konzepte zunächst noch etwas genauer zu überprüfen. Als ihn dann noch sein Vorgesetzter, mit dem er die Strategie vorher besprochen hatte, nicht in der Form unterstützte, wie er es sich vorgestellt hatte, war seine Empörung perfekt.

Er kam wütend in die Beratung. Er empörte sich gleichermaßen über seine Kollegen wie über seine Vorgesetzten und schien überhaupt nicht zu verstehen, was hier passierte. „Schließlich hat man mich dafür geholt, dieses Geschäft neu aufzubauen", so sein Kommentar, „und mir jegliche Unterstützung zugesichert. Nun, wo ich Unterstützung brauche, fällt man mir in den Rücken."

Als ich ihn fragte, wann er mit seinen Kollegen über seine Strategie gesprochen habe, meinte er immer noch empört: „Ich habe schließlich andere Dinge zu tun, als in der Gegend herumzulaufen. Dies können vielleicht meine Kollegen tun."

Langsam aber sicher legte sich sein Zorn, und es gelang mir in der Beratung, ihn für die Perspektiven seiner Kollegen zu interessieren. Ich fragte ihn, was er von ihren Aktivitäten bereits wisse, welche Zusammenhänge es zwischen seinen Strategien und den Geschäften seiner Kollegen gäbe und für welche Bereiche seine Aktivitäten gar bedrohlich sein könnten. Er mußte feststellen, daß er sich darüber bisher nur wenig Gedanken gemacht hatte.

Man kann dies nun beklagen oder nicht. Fest steht, daß *Gefühle* in unseren Unternehmen, und wenn wir auch noch so oft Sachlichkeit und Zweckrationalität beschwören, *eine zentrale Rolle spielen.* In Führungswechseln, also jener Situation, in der sich eine wichtige Figur im Spiel der Beziehungen verändert, erlangen Emotionen eine besondere Bedeutung. Die Gefühle der *Enttäuschung* von heimlichen Mitbewerbern und der *Kränkung* bei den Kollegen durch die Ideen des Neuen werden zwar fast immer geleugnet, aber sie bestimmen den Verlauf.

Erfolgreiche Führungskräfte auf neuen Positionen beherrschen das Spiel mit den Beziehungen. Sie wissen um die verdeckte Ebene der Gefühle und berücksichtigen dies in ihren Handlungen. Sie entwickeln mehr oder weniger intuitiv Strategien, mit denen sie einerseits den emotionalen Wünschen gerecht werden und andererseits sachliche Forderungen stellen. So gehen sie direkt auf ihre Kollegen zu und fragen diese nach ihren Erwartungen. Sie beziehen sie als wichtige Kenner des Unternehmens ein und schaffen so die Vorraussetzung für eine erfolgreiche Umsetzung ihrer Veränderungen.

3. Die heimliche Konkurrenz mit dem Vorgänger

Ein Sonderthema im Führungswechsel ist die Beziehung zum Vorgänger. Hier spielen nicht nur die Beziehungen des Neuen und des Vorgängers eine Rolle, sondern auch die der Mitarbeiter. Sie vergleichen unentwegt die beiden Schlüsselpersonen miteinander – *„Mal sehen, ob er es besser macht“* oder *„Das haben wir früher auch schon gehört“* – und sorgen so für die nötige Grundstimmung der heimlichen Konkurrenz. Am deutlichsten wird dies bei *glorifizierten Vorgängern* wie z.B. Heinz Nixdorf. Egal was sein Nachfolger H. Luft machte, er hatte fast keine Chance. Fast alles, was er tat, wurde verglichen mit den Handlungen seines früheren Chefs und damit mehr oder weniger offen abgewertet.

Dieser teuflische Mechanismus, der den Nachfolgern zumindest für eine begrenzte Zeit wenig Chancen läßt, etwas besser zu machen als ihre glorifizierten Vorgänger, kommt besonders zum Tragen, wenn die Fehler des Vorgängers sichtbar werden. Alle Mißstände, die nun entdeckt werden, werden nach dem Muster „Früher hätten wir dies besser gelöst“ auf den Neuen projiziert, um den so lange geschätzten Chef zu schützen.

Es sind aber nicht nur die glorifizierten Vorgänger, die den neuen Chefs zu schaffen machen. Gerade auch die *abgewerteten Vorgänger*, nach dem Motto *„Endlich sind Sie da...“*, verfolgen den Neuen recht hartnäckig. Man muß es erlebt haben, was es bedeutet, immer wieder damit konfrontiert zu werden, *„was früher alles schief gelaufen ist“* und was man *„alles hätte anders machen müssen“*. Vor allem dann, wenn Sie dann noch objektiven Fehlern Ihres Vorgängers oder kritischen Anmerkungen von Kunden begegnen, ist es nicht immer leicht, die nötige Distanz zu den Leistungen des Vorgängers zu bewahren. Aber wehe, man begeht den Fehler, der *„Einladung“* in einer solchen Situation zu folgen und sich über mögliche *Schwächen des Vorgängers* auszulassen. Dann wird man die volle Dynamik einer solchen Situation erleben. Schneller als man denken kann, werden die Mitarbeiter eine Kehrtwende vollziehen und Ihnen von den Vorzügen des ehemaligen Chefs berichten.

Die *Balance von Kritik und Loyalität* bei den Mitarbeitern zu ihrem früheren Chef ist sehr labil. Sie gerät aus dem Gleichgewicht, wenn der Neue in kritische Äußerungen einstimmt. Dann wird sich die Haltung sofort ins Ge-

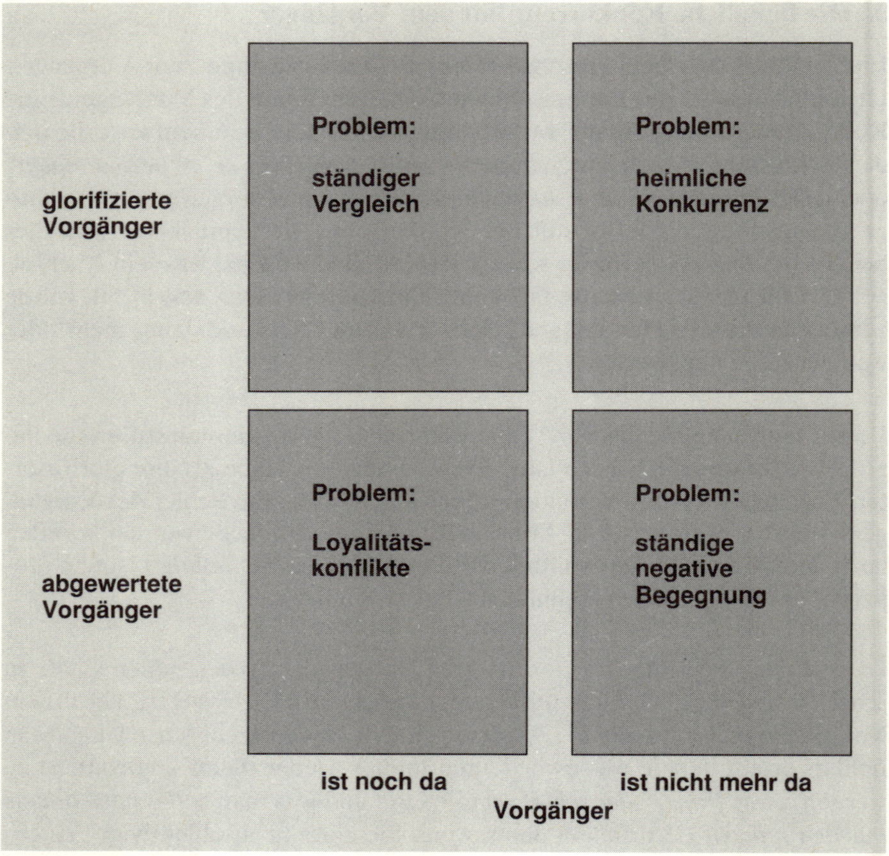

Abb. 6: Wie mit Vorgängern umgegangen wird

genteil verkehren und er als jemand angesehen, der es wohl nötig hat, über den anderen herzuziehen.

Eine weitere, nicht minder schwierige Situation mit dem Vorgänger ergibt sich dann, wenn dieser nicht in den Ruhestand getreten ist, sondern noch immer im Unternehmen tätig ist. Die Dynamik hängt dabei stark davon ab, welche Position er eingenommen hat. Ist er aufgestiegen, ist es in der Regel einfacher. Wenn er aus der Sicht der Mitarbeiter von der Geschäftsleitung nicht angemessen behandelt wurde, ist die Loyalität der Mitarbeiter für ihn gesichert, und der Neue wird es nicht einfach haben.

Eine Variante des *aufgestiegenen Vorgängers* ist jener, der zusätzlich noch Ihr Chef wird. Dann haben Sie es nicht nur mit der Schwierigkeit des Loslassens zu tun, sondern auch noch mit dem ständigen Vergleich durch die Mitarbeiter. Schließlich untersteht Ihnen dann zumindest ein Teil der Mitarbeiter, die bisher von ihm geführt wurden. Hier helfen nur klare Vereinbarungen und effiziente *Übergaberituale* (—> Baustein 7). Es muß für alle Beteiligten sichtbar ein verbindliches Signal für die neue Führung gesetzt werden.

Damit Sie sich schützen können vor der heimlichen Konkurrenz mit Ihrem Vorgänger, haben wir eine Reihe von Fragen entworfen, auf die Sie eine Antwort wissen sollten:

Liste 2: Einige Fragen, auf die Sie eine Antwort wissen sollten, wenn Sie nicht in unnötige Konkurrenz mit Ihrem Vorgänger geraten wollen

1. Worin unterscheiden Sie sich von Ihrem Vorgänger?

2. Welcher Unterschied ist Ihnen wichtig?

3. Wie können Sie diesen Unterschied begründen, ohne zu sagen, daß Ihr Vorgänger einen Fehler gemacht hat?

4. Auf welchem Gebiet war Ihr Vorgänger evtl. besser als Sie?

5. Angenommen, Ihr Vorgänger wäre noch in der Abteilung, womit wäre er bestimmt nicht einverstanden?

4. Einladungen, die Sie besser nicht annehmen sollten

„Entweder Sie oder ich!“ oder *„Sie müssen uns erst einmal zeigen, ob Sie das können...“* oder *„Das können Sie doch viel besser als Ihr Vorgänger“* oder *„Endlich kann uns jemand sagen, wie wir uns besser organisieren“* sind „Einladungen“, wie sie viele Führungswechsel bereit halten. Sie sind mehr oder weniger offen formulierte Empfehlungen an den Neuen, die dann, wenn er sie annimmt, zu ernsten Schwierigkeiten führen.

Das Problem dabei ist, daß man in dem Moment, wo man sich auf die angebotene Sichtweise einläßt, die sich hinter diesen *Einladungen* verbirgt, genau den negativen Erwartungen seiner Gegenüber entspricht. Begegnet man z.B. dem enttäuschtem Mitbewerber mit der Haltung *„Entweder Sie oder ich“*, was sich in manchen Situationen, in denen solche Mitarbieter stark provozieren, nur schwer vermeiden läßt, so begeht man einen sicheren Fehler. *„Siehst du, ich habe es doch gleich gesagt, er will mich loswerden...“* ist dann die vorhersehbare Reaktion Ihres Partners. Damit werden solche Situationen leicht zu *Teufelskreisen,* in denen sich genau das Ergebnis einstellt, das bereits vorhergesagt wurde.

Solche Teufelskreise gibt es nicht nur mit den enttäuschten Mitbewerbern. Sie entwickeln sich nach unserer Erfahrung auch häufig zwischen *Team und neuem Vorgesetzten.* Vor allem dann, wenn ein Team sehr effektiv arbeitete, möglicherweise noch eine geraume Zeit ohne Leitung, entwickelt sich leicht eine Situation, in der das Team den Neuen mit einer Haltung begegnet, die sich in etwa mit dem Satz beschreiben läßt: *„Zeigen Sie erst einmal, wofür Sie da sind.“*

Schon der Hinweis auf eigene Erfahrungen in ähnlichen Situationen oder die allzu schnelle Teilnahme an Teamsitzungen kann in solchen Situationen, in dem sich ein Team so geschlossen darstellt, einen Teufelskreis in Gang setzen. Zugegeben, es ist wohl eine der schwersten Übungen für neue Vorgesetzte, auszuhalten, *„daß sie nicht gebraucht werden“*. „Aufbrechen“ ist dann auch die allzu menschliche Reaktion auf diese Einladung, die dann leicht zu falschem Handeln führt.

Erfahrene neue Führungskräfte üben sich in solchen Situationen in Geduld. Sie wissen, daß die Mitarbeiter etwas Zeit brauchen, um zu akzeptieren, daß sie nicht mehr allein sind und zwangsläufig Kompetenzen abgeben müssen, die sie bislang selbst wahrgenommen haben. Sie wissen aber auch, daß es nur eine Frage der Zeit ist, bis die ständigen Herausforderungen ihnen die Möglichkeit geben, aktiv zu werden. In der Zwischenzeit beschränken sie sich darauf, sich zu informieren, Kontakte zu knüpfen und typische Leitungsaufgaben wahrzunehmen. Sie bitten die Teams um Teilnahme bei Kundenbesuchen und Teamsitzungen und achten darauf, daß diese auch

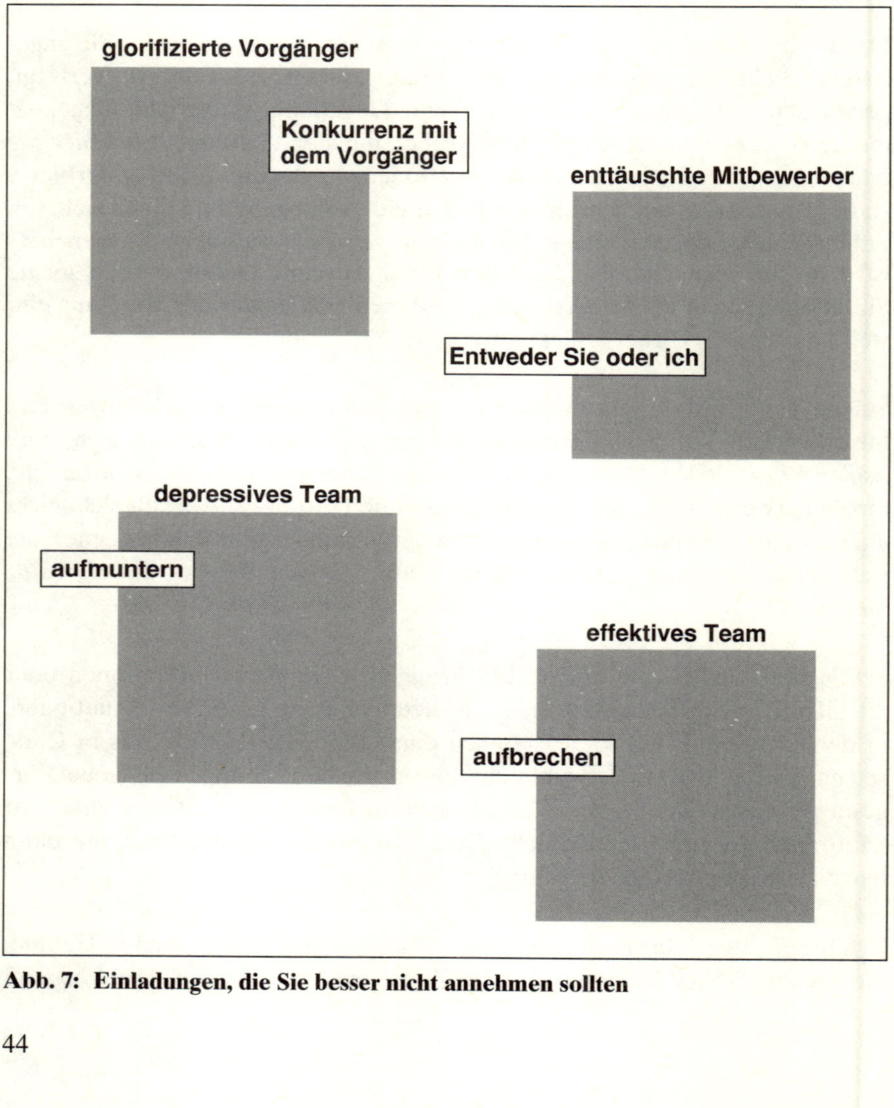

Abb. 7: Einladungen, die Sie besser nicht annehmen sollten

wahrgenommen werden. Vor allem aber informieren sie sich auch über das, was funktioniert, so daß beim Team nicht der Eindruck entsteht, daß sie die offensichtlich effizienten Strukturen aufbrechen wollen.

Nicht minder problematisch ist die klassische *Rettersituation,* auch wenn sie auf den ersten Blick viel einfacher aussieht. Wartet ein Team schon sehnsüchtig auf die vielgepriesenen Managementtalente des Neuen, ist einer der größten Fehler, den Führungskräfte machen können, dieser Einladung zu folgen. Das Muster *„Was können wir nur machen? – Am besten machen Sie... !"* zementiert erfahrungsgemäß die Beteiligten in ihren Rollen des Retters und der Schwachen. Während der Neue bald nicht weiß, wo er noch überall zu unterstützen hat, wird sich das Team immer unfähiger fühlen. Nach geraumer Zeit wird er sich dann wundern, warum er auf immer stärkeren Widerstand stößt. Das Team stoppt den Zirkel der einseitigen Festschreibungen auf die Position des Unterlegenen, indem es dafür sorgt, daß die Empfehlungen des Hochgelobten auch nicht funktionieren.

Dieser Mechanismus erhöht noch einmal seine Wirkung, wenn kulturelle Unterschiede hinzukommen. Hier kommt es besonders darauf an, sich mit vorschnellen Ratschlägen zurückzuhalten. Informieren Sie sich über die Besonderheiten, seien Sie neugierig und offen für Hinweise, und vertrauen Sie in die Ressourcen der Mitarbeiter! Das ist die Devise, die hier zum Ziel führt. Auch bei Beratungen in den neuen Bundesländern erlebten wir immer wieder Westmanager, die der offensichtlichen Einladung „Sie müssen doch wissen, wie es gemacht wird" nicht zuletzt aufgrund des eigenen Handlungsdrucks allzu bereitwillig Folge leisteten.

5. Networking – die Entwicklung von Macht und Einfluß

Schlüsselbeziehungen entwickeln heißt aber nicht nur, die Schlüsselpersonen zu erkennen und mit den für Führungswechsel so typischen Gefühlen wie Loyalität, Konkurrenz und Enttäuschung umzugehen. Schlüsselbeziehungen entwickeln heißt auch, gezielt Beziehungsnetze zu entwickeln.

Jeder, der Dinge voranbringen will, darauf hat gerade jüngst J. Pfeffer in seinem Buch *„Powermanagement"* hingewiesen, muß Macht und Einfluß gewinnen. Er muß Kontakte haben, die es ihm ermöglichen, die politischen Strömungen im Unternehmen einzuschätzen und die nötige Unterstützung für die Durchführung seiner Maßnahmen zu sichern. Dies gilt um so mehr, da die meisten Projekte, die heute im Unternehmen zu realisieren sind, die Unterstützung von Leuten braucht, auf die sie *keinen direkten Einfluß* haben. Hier nützt Ihnen auch die zweifellos vorhandene Macht Ihrer Position nur wenig. Wenn Sie Ihren Kollegen vom Produktmanagement überzeugen wollen, daß Sie sinnvollerweise eine neue Marketingstrategie verfolgen, so müssen die hierfür notwendigen Entscheidungen sorgfältig vorbereitet werden.

Wie entwickelt man nun aber Macht und Einfluß in Organisationen, um die Dinge voranzutreiben, die man als wichtig erkannt hat?

Voraussetzung hierfür ist zu wissen, wer bei wichtigen Entscheidungen von Bedeutung ist, wer üblicherweise ein Vetorecht hat und wer häufig die Rolle des Skeptikers einnimmt. Ich muß wissen, wer *vor* Sitzungen informiert sein will und wo sich wichtige informelle Gruppen befinden, die viele Entscheidungen bereits vorab beraten. Weiterhin muß ich einschätzen können, wie sich die Kräfte von Stabilität und Veränderung verteilen und wie die Machtlinien im Unternehmen verlaufen. Hier ist zweifellos der Insider gegenüber dem Seiteneinsteiger im Vorteil. Er weiß mehr über die Netze im Unternehmen, die von Relevanz sind.

Aber auch er muß sich folgende Fragen stellen:

Liste 3: Einige Fragen zur Entwicklung von Macht und Einfluß

1. *Wessen Kooperation werde ich benötigen, um zu erreichen, was ich anstrebe?*

2. *Welches werden deren Standpunkte sein, und was werden sie wohl von meinen Absichten halten?*

3. *Wer wird mein Anliegen verzögern oder in die falsche Bahn lenken können? Wer wird von dem, was ich anstrebe, betroffen sein, so daß er meine Intentionen zu verhindern sucht?*

4. *Worin liegt meine Basis für Macht und Einfluß? Wie kann ich diese Basis noch ausbauen, um meine Entscheidung zu unterstützen?*

5. *Welche Beziehungen muß ich knüpfen, um über die Ereignisse im Unternehmen schnell genug informiert zu sein?*

Nur dann, wenn es Ihnen gelingt, selbst ein aktiver Part in dem meist jenseits des Organigramms geknüpften Netz von Beziehungen zu werden, haben Sie eine realistische Chance, auch größere Veränderungen zu initiieren. Vor allen Dingen haben Sie auch eine Chance, diese zu Ende zu führen. Gerade dann, wenn Umorganisationen oder strategische Neuorientierungen anstehen, ist *Networking,* d.h. die gezielte und systematische Entwicklung eines einflußreichen Beziehungsnetzes, eine wichtige Basis.

Memo:
Zusammenfassung zu Baustein 2

1. Fragen Sie nach Mitbewerbern, dem Verbleib Ihres Vorgängers und anderer Schlüsselpersonen vor Ihrer Zeit, um die *emotionale Seite* der Ausgangsposition angemessen einschätzen zu können.

2. Begegnen Sie *emotional betroffenen* Mitarbeitern, Kollegen und Vorgesetzten aktiv. Sie erwarten von dem Neuen, daß er auf sie zugeht und nicht umgekehrt.

3. Vermeiden Sie die typischen *Einladungen* von Führungswechseln. Achten Sie vor allem auf die heimliche Konkurrenz zum Vorgänger und zum Team.

4. Entwickeln Sie systematisch Ihr *Netz der Beziehungen,* das Ihren Einfluß sichert. Lassen Sie sich dabei auch nicht durch die Aufgabe abhalten, Sie werden es später bereuen.

Einige sichere Fehler

Ein relativ sicherer Weg in Schwierigkeiten ist:

- **Lassen Sie enttäuschte Mitbewerber links liegen.**
- **Äußern Sie sich kritisch über die Leistung Ihres Vorgängers.**
- **Zeigen Sie Ihren Mitarbeitern, was Sie alles wissen.**
- **Halten Sie Gespräche mit Kollegen für ein Freizeitvergnügen.**
- **Konzentrieren Sie sich ganz auf die Aufgabe.**

Baustein 3
Die Ausgangssituation konstruktiv analysieren

Perspektive 1:

Regeln und Selbstverständnis

- Die soziale Architektur der Organisation
- Regeln, Selbstverständlichkeiten und Geschichten

Perspektive 2:

Die Themen

- Lösbare und unlösbare Themen
- Dringende und weniger dringende Themen
- Dauerthemen

Perspektive 3:

Die Fakten

- Ergebnisse
- Strategien
- Kosten
- Pannen/Beschwerden

Perspektive 4:

Das Innovationspotential

- Die Bereitschaft zur Veränderung
- Das Veränderungs-Know-how
- Das Veränderungsklima

Perspektive 5:

Die Ressourcen

- Die Stärken in Führung, Kultur, Organisation, Macht und Technologie

Sie können relativ sicher in Schwierigkeiten geraten, wenn Sie sich möglichst rasch auf die Probleme stürzen, die Ihnen angeboten werden. Wenn Sie dann noch darauf verzichten nachzufragen, was denn schon alles unternommen wurde, um zu einer Problemlösung zu gelangen, können Sie schnell eine ganze Menge zu tun haben, ohne unbedingt erfolgreich zu sein.

Dietrich Dörner, der auf dem Gebiet der Denkpsychologie international zur Spitzengruppe zählt, beschreibt in seinem Buch *»Die Logik des Mißlingens«* was man tun muß, um Mißerfolge zu ernten. Er hat diplomierte Volkswirte,

Physiker und Führungskräfte vor den Computer gesetzt und sie mit typischen Aufgaben unserer Zeit konfrontiert. Sie sollten z.B. eine Dürreperiode in einem afrikanischen Land bewältigen oder eine mittlere Kleinstadt in eine blühende Zukunft führen. Das Besondere daran war, daß Dörner mit seinen Rechnern die Entwicklung über Jahrzehnte hinweg simulieren konnte.

Die Ergebnisse waren erschreckend und aufschlußreich zugleich. Sie gaben einen tiefen Einblick in unsere westlichen Denkgewohnheiten, Planungs- und Entscheidungsprozesse. Die Nichtberücksichtigung von Fern- und Nebenwirkungen, die Schwierigkeiten, dynamische Verläufe angemessen einzuschätzen, das Problem, Wichtiges von Unwichtigem zu trennen, die Tendenz, Hypothesen allzu schnell als Wahrheiten anzusehen und damit auf weitere Überprüfung zu verzichten, waren die typischen Fehler, die die erfolgreichen „Bürgermeister" von den weniger erfolgreichen unterschieden. Wenn die Versuchspersonen dann unter emotionalen Druck gerieten, weil sie merkten, daß sie zwar handeln konnten, aber nicht wußten, was danach geschah, retteten sich viele in blinden Aktionismus.

Also nicht so viel anders, wie Dietrich Dörner nüchtern konstatiert, wie im richtigem Leben. Man muß nur die Zeitungen aufschlagen, um zu sehen, wie in Wirtschaft und Politik mehr oder weniger erfolgreich versucht wird, der Komplexität unserer Zeit Herr zu werden. *„Das Problem ist"*, so Dietrich Dörner, *„daß wir heute in einer Welt von interagierenden Teilsystemen leben, in der man auch in interagierenden Teilsystemen denken muß."*

Führungswechsel sind zwar in den meisten Fällen keine solche komplexen Aufgaben wie das Regieren einer Kleinstadt mit ihrer nahezu unüberschaubaren Zahl voneinander abhängiger Einflußgrößen, aber sie sind kaum viel einfacher. Auch hier müssen eine ganze Menge von Faktoren zusammenspielen, wenn Positionsübernahmen erfolgreich verlaufen sollen. Ein weiteres typisches Kriterium für Situationen, in denen unser klassisches lineares Ursache-Wirkungs-Denken nicht zielführend ist, ist ebenfalls gegeben: Ein *Großteil der Einflußgrößen* ist nicht transparent. Es ist ein charakteristisches Merkmal von Führungswechseln, daß der Neue sich nicht nur in der Fülle von Themen und Problemen orientieren muß, sondern auch dazu gezwungen ist, Entscheidungen bereits zu fällen, wenn er überhaupt noch nicht umfassend informiert ist. Komplexe, dynamische und intransparente Situationen, das weiß man heute, verlangen aber eine eigene Vorgehensweise. Hier geht es nicht darum, eine vollständige *Analyse der Situation* zu versuchen, da diese sowieso nicht möglich ist. Es geht auch nicht um die bekannte *Schwachstellenanalyse,* denn sie löst nur eine Suche nach dem Schuldigen aus, die Ihnen das Klima für Veränderungen zerstört.

Was Sie benötigen, sind *„Views“*. So nennen die Techniker ein Vorgehen, das sie immer dann anwenden, wenn sie sicher sind, daß eine Analyse der Situation, in der *alle* Elemente erfaßt werden, *nicht* möglich ist. Der entscheidende Faktor ist bei diesem Vorgehen nicht mehr die Detailliertheit und Tiefe der Analyse, sondern die *Auswahl der Views.* Sie modellieren die Situation aus unterschiedlichen Perspektiven und sorgen dafür, wenn diese gut gewählt sind, daß Sie ein möglichst scharfes Bild der Situation gewinnen.

Viele Führungskräfte in neuen Positionen neigen dazu, sich auf zu wenige Views zu konzentrieren. So stürzen sich manche auf die *Probleme* und wollen genau wissen, was falsch gemacht wurde. Andere konzentrieren sich auf die *Fakten* und entwerfen auf dieser Basis neue Strategien. In vielen Beratungen besteht unsere Aufgabe darin, die Views der Führungskräfte systematisch zu erweitern. Damit haben wir schon manche überraschende Erkenntnis zu Tage gefördert.

Fünf Perspektiven haben sich in der Analyse der Ausgangssituation bewährt.

Perspektive 1
Die Regeln und Selbstverständnisse, die die Personen leiten

Perspektive 2
Die Themen, die die Organisation beschäftigen

Perspektive 3
Die Fakten, die das Handeln bestimmen

Perspektive 4
Das Innovationspotential, das zur Verfügung steht

Perspektive 5
Die Ressourcen, auf die Sie bauen können

1. Entdecken Sie die Unternehmenskultur

Es gibt *harte* und *weiche* Wirklichkeiten. In Unternehmen gehören die Zuständigkeiten, das Organigramm, die Zahlen und die Strategien zu den *harten* Wirklichkeiten. Die Identifikation der Mitarbeiter mit dem Unternehmen, ihre Bereitschaft zur Veränderung und die Qualität der Kommunikation bezeichnet man traditionellerweise als *weiche* Wirklichkeit. Das Überraschende dabei ist, daß das vermeintlich *Harte* viel leichter und schneller zu verändern ist als die sogenannte weiche Unternehmenskultur, wie jeder erfahrene Manager bestätigen wird.

Vielleicht hat man deshalb seit einer Reihe von Jahren die *weiche* Seite der Organisation viel stärker in den Mittelpunkt gerückt. Peters und Waterman haben 1982 mit ihrem Buch *„Auf der Suche nach Spitzenleistungen"* die Erfahrungen und Erkenntnisse ihrer Zeit auf den Punkt gebracht und damit einen ungeahnten Erfolg gelandet. Sie kommen anhand der Beschreibung erfolgreicher amerikanischer Unternehmen zu der überraschenden Erkenntnis, daß diese Unternehmen nicht etwa deshalb erfolgreich sind, weil sie über effizientere Methoden und Managementstrategien verfügen. Nein, im Gegenteil, es sind oft nicht mehr als eine Handvoll griffiger Ziele und Botschaften, über die sie verfügen. Der wesentliche Unterschied zu weniger erfolgreichen Unternehmen ist, daß diese Ziele und Botschaften von allen Mitarbeitern überzeugend getragen werden. Peters und Waterman stellen dann auch in ihrem weitverbreiteten Modell den traditionellen *harten* Faktoren wie Struktur, Strategie und System die *weichen* Faktoren der Motivation, Begeisterung, Kundenorientierung und Qualität gegenüber.

„Unternehmenskultur", so Ulrich Wever, wohl einer der anerkanntesten Fachleute für Fragen der Cooperate Culture in Deutschland, „ist zu einem Wettbewerbsfaktor erster Ordnung geworden." Auch Sie sollten deshalb bei Ihrer Analyse der Ausgangssituation mit einem *Erkunden der Regeln und Selbstverständnisse, Werte und Grundüberzeugungen* in Ihrer neuen Abteilung beginnen. Nutzen Sie die Chance des Neuen, der „alles noch mit anderen Augen sieht". Besonders dann, wenn Sie bisher noch wenig mit dem neuen Bereich zu tun hatten oder gar von einem anderen Unternehmen kommen, werden Sie in den ersten Tagen eine Menge über die neue Organisation erfahren können, wenn Sie nur aufmerksam sind.

Erfolgreiche Führungskräfte *saugen* die neue Organisation und ihre Kultur geradezu in sich auf. Sie achten auf die Sprache, fragen nach den Regeln und beobachten die Gewohnheiten. Sie hören Geschichten und erfahren, wer in der Vergangenheit den Bereich wesentlich beeinflußt hat. Sie beobachten den Umgang mit Kritik und mit Fehlern. Und auch die Art und Weise, wie man über die Kunden spricht und das Firmenimage kommentiert, entgeht nicht ihrer Aufmerksamkeit.

So formt sich langsam aber sicher ein *erstes Bild* über die neue Organisation. Sie erkennen, wenn auch oft zunächst nur in Umrissen, die *„soziale Architektur der Organisation“*. Sie entdecken langsam aber sicher, wie die Mitarbeiter über das Unternehmen denken und wie sie seinen Auftrag sehen. Sie

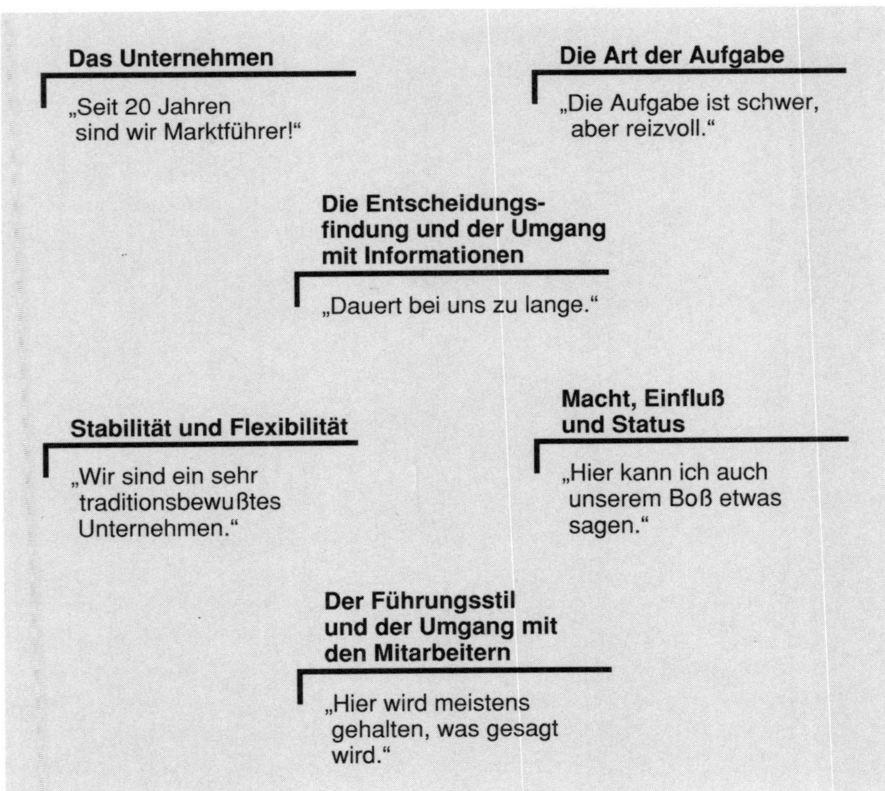

Abb. 8: Die soziale Architektur eines Unternehmens

erkennen, ob die Selbstverständnisse der Hochglanzbroschüren in der Organisation gelebt werden. Sie erfahren, ob die Mitarbeiter ihre Aufgabe als nur schwer oder auch als reizvoll ansehen. Auch die Grundhaltungen zu Macht, Umgang mit Information und Fähigkeit zu Innovation sind zentrale Selbstverständnisse.

Liste 4: Beobachtungen in der neuen Abteilung

1. *Wie sprechen die Mitarbeiter vom Unternehmen bzw. von ihrer Abteilung?*

2. *Welche Gewohnheiten sind Ihnen in den ersten Tagen aufgefallen?*

3. *Welche Geschichten wurden Ihnen als erstes erzählt?*
   Welche Personen hat man Ihnen als wichtig vorgestellt?

4. *Wer kommuniziert mit wem ? Wer mit wem nicht?*

5. *Gibt es auffällige Kommunikationsgewohnheiten wie Unterbrechen, Kritisieren oder das Ausschließen von Problemen?*

6. *Wie spricht man über Kunden und andere Abteilungen?*

7. *Wer hat Informationen, und wie wird damit umgegangen?*

8. *Welche Bedeutung haben Status und Macht?*

9. *Wie ist die Stimmung?*

10. *Wie erklärt man sich Erfolge, wie Schwierigkeiten?*

11. *Gibt es Leitsätze, und wie wird mit ihnen umgegangen?*

2. Sortieren Sie die Themen

Das Zweite, was Sie kennen müssen, sind die *Themen* der Organisation. Sie müssen wissen, was aus der Sicht Ihres Vorgesetzten dringend gelöst werden muß und welche Hoffnungen Ihre Mitarbeiter mit Ihrem Kommen verbinden. Auch die Sichtweisen von anderen Abteilungen und/oder Kunden zu den zu lösenden Problemen sind notwendige Informationen für Ihre Orientierung.

Dabei kommt es darauf an, die Liste der genannten Probleme nicht anders als eine Beschreibung der Situation aus unterschiedlichen Perspektiven zu betrachten. Einer der größten Fehler, den Sie machen können, ist, die *Beschreibung* von Problemen als *objektive Tatsachen* zu werten. Immer gehen in die Beschreibungen von Situationen die Interessen, Werthaltungen und auch Lösungsvorstellungen der Beschreibenden mit ein.

Wenn die Mitarbeiter einer Außendiensttruppe meinen, daß die dringendsten Probleme die Unterstützung durch den Innendienst, bessere Verkaufskonzepte und eine andere Preisgestaltung sind, so ist dies richtig – aus ihrer Sicht. Auch der Hinweis der Vorgesetzten, daß die wichtigste Aufgabe für den neuen Regionalleiter die „Formung eines Teams“ sei, ist richtig. Es beschreibt seine Sicht der Dinge und spiegelt gleichzeitig seine Erfahrung wider, daß eine optimale Leistung nur im Team zu erreichen sei.

Sammeln Sie möglichst viele Informationen. Je mehr Situationsbeschreibungen und Problembenennungen Sie haben, desto besser. Es vervollständigt Ihr Bild der Situation und gibt Ihnen gleichzeitig eine Menge Hinweise auf mögliche Themen. Sie sollten aber auch bereits in dieser Phase damit beginnen, die Themen zu differenzieren.

- ❑ *Fragen Sie Ihre Mitarbeiter, wie sie die Themen in eine Rangreihe bringen würden.*
- ❑ *Fragen Sie, welche Themen miteinander verknüpft sind und was nach Meinung Ihrer Mitarbeiter aus der Sicht der Kunden am dringendsten gelöst werden müßte.*
- ❑ *Fragen Sie, welche Probleme sie mit Bordmitteln für lösbar halten, aber fragen Sie auch danach, ob die genannten Probleme schon lange bekannt sind.*
- ❑ *Fragen Sie, was bereits alles versucht wurde und warum es bisher zu keiner dauerhaften Lösung gekommen ist.*

Sie werden manche Überraschung erleben! Fast 80% der Probleme, die Ihnen am Anfang genannt werden, sind Dauerthemen. D.h. Themen, an denen sich schon eine ganze Reihe von Personen vor Ihnen die Zähne ausgebissen haben.

Ich erinnere mich noch recht gut an einen Entwicklungsleiter, dem schlagartig bewußt wurde, welchen Fehler er gerade beging, als ich in einem Seminar über Dauerthemen referierte. Auch er hatte sich in seiner neuen Abteilung über die Probleme und „Schwachstellen" informiert, und es wurden ihm viele genannt. Ein Problem legte man ihm besonders ans Herz: die beständige Störung der „eigentlichen" Entwicklungsarbeit durch die kurzfristigen Probleme von Kunden. Er hatte gerade begonnen, sich dieses Problems anzunehmen, als ihm mein Hinweis klarmachte, daß dieses Thema ein Dauerthema war. Es war auch schon viel versucht worden, aber alle Bemühungen der letzten Jahre waren fehlgeschlagen. Die Kunden, die häufig ihr Anliegen über die Geschäftsleitung vortrugen, erhielten letztlich doch immer wieder die höchste Priorität.

Damit kein Mißverständnis entsteht: *Dauerthemen sind nicht unlösbare Themen!* Es bedeutet nur, daß die Lösung eines solchen Problems erheblicher Anstrengungen und vor allen Dingen gemeinsamer Bemühungen bedarf. Deshalb will sorgfältig erwogen werden, wann und wie man sich eines solchen Themas annimmt.

Liste 5: Dauerthemen in der neuen Abteilung

Thema	*wie alt*	*bisherige Lösungsversuche*
1		
2		
3		
4		
5		

3. Erfassen Sie die Fakten

Neben Regeln und Selbstverständnissen, alten und neuen Themen müssen Sie die *Fakten* kennen. Es ist eine dritte Perspektive, aus der Sie die Ausgangssituation zu beleuchten haben.

Sie müssen wissen, wie die Ergebnisse bzw. die Deckungsbeiträge sind, wo die Kosten entstehen und welche Anstrengungen bisher unternommen wurden, um sie zu reduzieren. Sie brauchen Zahlen über den Stand der einzelnen Produkte bzw. Dienstleistungen im Markt und Informationen über die strategischen Überlegungen. Sie müssen geduldig und konsequent erfragen, wer mit wem faktisch zusammenarbeitet und an welchen Schnittstellen regelmäßig Probleme auftreten. Lassen Sie sich Listen über die Häufigkeit bestimmter Pannen bzw. Beschwerden vorlegen oder erstellen.

Es entsteht meist ein interessanter Widerspruch zwischen den Beschreibungen der Probleme und den Fakten. Hart und weich sind nicht besser oder schlechter, sondern ein notwendiges Gegensatzpaar, wenn man zu einer möglichst umfassenden Sicht der Dinge gelangen will.

So gelangten wir bei der Beratung einer Zahlungsverkehrsabteilung einer Bank zu einer überraschenden Veränderung der Perspektive, als wir den Klagen der Mitarbeiter einige Fakten gegenüberstellten. Die Mitarbeiter dieser Abteilung waren seit langem sehr unzufrieden. Sie klagten über ihre Arbeitsbedingungen, ihre Stellung im Haus und das mangelnde Interesse an ihren Problemen. Ein schlagender Beweis dafür, so ihre Argumentation, seien immer wieder die von den eigenen Mitarbeitern an den Schaltern erstellten Zahlungsbelege. Sie seien so schlecht ausgefüllt, daß sie ein wesentlicher Grund für die Arbeitsverzögerungen seien, die dann freitags zu dem üblichen Streß führten, wenn es darum ging, den gesetzlich vorgeschriebenen Buchungsschluß zu erreichen. Alle Gespräche mit den Kollegen an den Schaltern hätten bisher nicht weiter geführt.

Wir baten sie im Rahmen einer umfassenden Analyse der Streßquellen einmal genauer aufzulisten, wieviel Belege unvollständig ausgefüllt waren. Die überraschende Erkenntnis war, daß dies nur einen geringen Prozentsatz darstellte. Es gab eine Vielzahl von anderen Streßquellen, die viel dringender anzugehen waren.

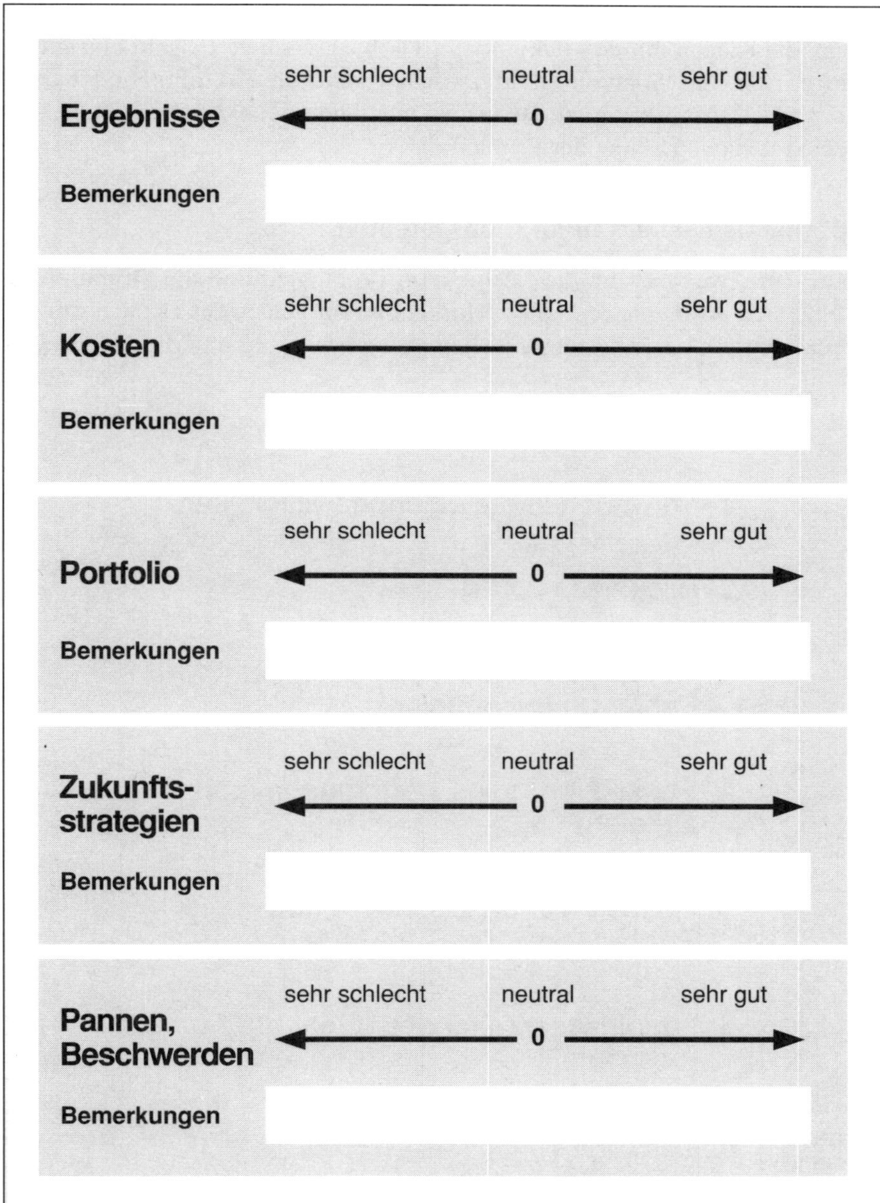

Abb. 9: Faktenerfassung

Solche Beispiele begegnen uns in unserer Praxis viele. Dabei geht es nicht darum, die Klagen mit den Fakten vom Tisch zu wischen. Es geht einzig und allein darum, das Spannungsfeld zwischen weichen Faktoren und harten Faktoren sichtbar werden zu lassen. So entstehen neue Ansätze und Ideen für eine mögliche Lösung der Probleme.

4. Bestimmen Sie das Innovationspotential

Immer dann, wenn es um die Lösung von Problemen und die Orientierung auf eine sich beständig ändernde Marktsituation geht, geht es auch um die Bereitschaft zur Veränderung. *Flexibilität, Lernfähigkeit* und die *Bereitschaft*

1 Vertrauen in die eigenen Fähigkeiten

2 Blick nach vorne

3 Offene Kommunikation auch über Fehler und Mißerfolge

4 Fähigkeit, Erfolge wahrzunehmen und zu feiern

5 Respekt vor unterschiedlichen Erfahrungen und Sichtweisen

6 Langfristige Zeitorientierung

7 Geduld und Flexibilität

Abb. 10: Merkmale eines positiven Veränderungsklimas

auch zu tiefgreifendem strukturellen Wandel gehören deshalb heute zu den vielbeschworenen Eigenschaften moderner Unternehmen.

Dabei wissen wir seit geraumer Zeit, daß sich die Kulturen sowohl in ihrer Bereitschaft als auch in ihrer Fähigkeit zur *Innovation* unterscheiden. Gerade jüngst hat Rolf Berth, Leiter des Kienbaumforums für Innovation, den deutschen Unternehmen ein trostloses Zeugnis ausgestellt. Zuviel Autoritätsgläubigkeit, zuwenig Risikobereitschaft und die Konzentration auf Schwächen führen laut Berth zu einem systematischen Rückgang der Innovationen in deutschen Unternehmen. Dabei liegt das oft noch nicht einmal am Potential, sondern viel eher an den bürokratischen Strukturen. IBM ist wohl das aktuellste Beispiel dafür, wie ein selbstzufriedenes bürokratisches Management ein Unternehmen Schritt für Schritt in einen langsamen und risikoscheuen Moloch verwandelt.

Es sind immer wieder die gleichen Strukturen, die neue Ideen in Unternehmen oft bereits im Ansatz zum Erliegen bringen. „Ganz interessant, Sie können das ja einmal ausarbeiten" oder „Im Moment müssen wir uns um das Geschäft kümmern" sind einige Kernsätze einer *innovationsfeindlichen* Kultur. Nicholas Hayek, der bekanntermaßen die Schweizer Uhrenindustrie mit seiner Swatch wiederbelebte, vertritt denn auch die Meinung, daß nur in Zeiten, wenn das Geschäft nicht mehr geht, Unternehmen risikofreudig werden. Wenn die beiden Uhrenunternehmen, die er kaufte, nicht seit Jahren tiefrote Zahlen geschrieben hätten, so Hayek, hätte er von seinen Banken keine Unterstützung für sein verrücktes Uhrenprojekt erhalten.

Firmen wie *Hewlett Packard* und *3M* beweisen aber auch, daß es anders geht. Sie fördern konsequent innovative Leistungen ihrer Mitarbeiter, überwachen beständig die Innovationsprojekte der einzelnen Abteilungen, schulen über alle Ebenen Kreativität und Querdenken und achten schon bei der Auswahl auf die richtige Zusammensetzung der Teams.

Wenn in Ihrer neuen Position wichtige Veränderungen gefordert sind, müssen auch Sie wissen, wie es um die Innovationsfreude Ihres Unternehmens/Bereiches steht. Sie sollten sich dabei aber nicht nur auf die Einschätzung des aktuellen Standes beschränken, sondern vor allem das vorhandene Potential entdecken.

Liste 6: Wie steht es mit der Bereitschaft zu Innovation und Veränderung?

1. *Welche innovativen Projekte, Strategien und Veränderungen gab es in der letzten Zeit?*

2. *Wer ist verantwortlich für den Stand der Innovation ?*

3. *Werden Ideen, Flexibilität und Veränderungsbereitschaft gefördert, unterstützt oder abgeschnitten?*

4. *Konzentriert man sich mehr auf die Ziele oder mehr auf die Abläufe?*

5. *Gibt es Kreativ-Meetings, eigenwillig zusammengestellte Task-Forces und/oder Anregungen durch Externe?*

____

____

____

6. *Falls Sie nur schwer fündig werden, suchen Sie nach Ausnahmen. Sie gibt es immer.*
   Nennen Sie wichtige innovative Ansätze in den letzten zwei Jahren:

   1 ____

   2 ____

   3 ____

5. Suchen Sie Ressourcen, auf die Sie bauen können

Wenn Sie die Regeln und das Selbstverständnis des Unternehmens kennen, die Themen wissen, die die Mitarbeiter beschäftigen, Fakten kennen und die Bereitschaft zu Innovation und Veränderung einschätzen können, brauchen Sie noch die Ressourcen, auf die Sie bauen können. Sie werden in Ihrer neuen Führungsposition nicht erfolgreich sein, wenn Sie nicht die Stärken der Mitarbeiter und der Organisation kennen. Ob in der Unternehmenskultur, den Produkten, der Motivation der Mitarbeiter oder in den Strategien, Sie müssen die Stärken, auf denen Sie Ihre Arbeit aufbauen können, wissen. Dies gilt besonders dann, wenn Sie mit Problemen und Schwierigkeiten überhäuft werden.

In meinen Beratungen lasse ich deshalb keine Führungskraft ihre Ziele entwickeln, ohne daß sie nicht jene drei Stärken ihrer Abteilung nennen kann, mit denen sie glaubt, erfolgreich sein zu können.

Eine junger Mann, Mitarbeiter in einer Geschäftsbank, übernahm eine Filiale. Er berichtete mir davon, was alles anders werden müsse. Die Mitarbeiter müßten besser zusammenarbeiten, sie müßten verkaufen lernen, neue Strukturen schaffen, nur so könnten sie ihre ehrgeizigen Ziele und mehr Umsatz mit neuen Kunden erreichen. Denn schließlich mache die Filiale ihr Geschäft weitgehend nur mit Stammkunden.

Ich hörte ihm geduldig zu, fragte ihn, was er alles verändern will. Meine nächste Frage war die nach den Ressourcen, die es ihm erlauben, seine Ziele zu erreichen. „Ja, das ist mein Problem. Es gibt zuwenig, zumindest nichts, was mir direkt ins Auge springt. Im Gegenteil, die Mitarbeiter sind zufrieden und beklagen sich über die neuen Ideen." Ich blieb hartnäckig und fragte weiter: „Angenommen, es wäre so, daß Sie Ihre Ziele nur erreichen können, wenn Sie etwas entdecken, worauf Sie aufbauen können. Was könnte das sein ?"

„Na ja, die Zuverlässigkeit." Zögernd und wenig überzeugt nannte er mir diese Eigenschaft seiner Mitarbeiter. „Ist das alles? Eine erfahrene Bankmannschaft, die als einzige Ressource Zuverlässigkeit zu bieten hat?" Ich gab mich nicht zufrieden und fragte weiter: „Wieso überhaupt Zuverlässigkeit? Wann sind denn die Mitarbeiter zuverlässig, das ist doch schließlich keine Kunst."

Langsam aber sicher veränderte sich seine innere Haltung, und seine bisherige Fixierung auf die Schwachstellen wich einem vorsichtigem Blick auf die Stärken, das Potential.

So wie Herrn B., dem jungen Filialleiter geht es offensichtlich vielen Führungskräften. Sie sind geschult, die Schwachstellen zu erkennen und stürzen

Arbeitsleistung	niedrig	hoch
Qualität der Arbeit	niedrig	hoch
Zufriedenheit mit der Arbeit	niedrig	hoch
Informationswege	kurz	lang
Interdisziplinäre Zusammenarbeit	wenig	viel
Grenzen zwischen den Gruppen	hoch	niedrig
Kommunikationsklima	taktisch	offen
Engagement in schwierigen Zeiten	niedrig	hoch
Identifikation mit dem Unternehmen	niedrig	hoch
Flexiblität und neue Ideen	wenig	viel

Abb. 11: Die Stärken Ihrer Abteilung

sich in vielen Situationen geradewegs auf die Probleme. Stehen sie dann noch unter Erfolgsdruck, so fällt es ihnen ganz schwer umzuschalten. Erfolgreiche Führungskräfte verfügen über die Fähigkeit, *Ressourcen zu entdecken*. Mehr noch, sie helfen ihren Mitarbeitern, die Stärken zu entdecken, die es erlauben, den Umschwung zu schaffen. Schließlich sind vielen Mitarbeitern und Abteilungen ihre eigenen Stärken überhaupt nicht bewußt.

Da es aber nicht möglich ist, gravierende Veränderungen ohne das Vertrauen in die eigenen Stärken in Bewegung zu setzen, haben wir für Sie eine Reihe von Fragen zusammengestellt.

Liste 7: Stärken der Mitarbeiter und der Organisation

1. *Nennen Sie die drei Stärken Ihrer neuen Abteilung, auf die Sie sich in schwierigen Zeiten verlassen können.*

   1 ______________________________

   2 ______________________________

   3 ______________________________

2. *Worauf sind Ihre Mitarbeiter besonders stolz?*

   ____

   ____

   ____

3. *Welche Ressourcen haben Ihre neuen Mitarbeiter überhaupt noch nicht entdeckt?*

   ____

   ____

   ____

Memo: Zusammenfassung zu Baustein 3

Kultur	**1**	Ich kenne wichtige Regeln und Selbstverständnisse des Unternehmens.	Ja
	2	Ich kenne die Normen und Tabus der Kultur und weiß, was den Mitarbeitern besonders schwerfallen wird.	Ja
Themen	**3**	Ich kenne die Themen, die die Organisation bewegt.	Ja
	4	Ich weiß die Themen einzuschätzen, und auch die Mitarbeiter wissen durch meine Fragen Lösbares von Unlösbarem zu unterscheiden.	Ja
	5	Ich kenne die Dauerthemen und weiß, wer sich schon alles daran versucht hat.	Ja
Fakten	**6**	Ich kenne die Ergebnisse, die Wettbewerbsposition, Marktstrategien und Kosten.	Ja

Fakten	**7**	Ich weiß, mit wem die Mitarbeiter meiner Abteilung zusammenarbeiten, welche Schnittstellen innerhalb des Unternehmens funktionieren und welche nicht.	Ja
	8	Ich kenne die Ziele von Kunden und anderen Abteilungen.	Ja
Innovation	**9**	Ich weiß, welche Veränderungen in den letzten Jahren realisiert wurden, welche erfolgreich waren und welche nicht.	Ja
	10	Ich kenne die Regeln und Gewohnheiten, die Innovation und Flexibilität stützen.	Ja
Ressourcen	**11**	Ich kenne die Stärken der Mitarbeiter, der Kultur und der Organisation.	Ja
	12	Ich bin überzeugt, daß mit diesen Stärken die angestrebten Ziele zu realisieren sind.	Ja

Baustein 4
Eine motivierende Zielelandschaft entwerfen

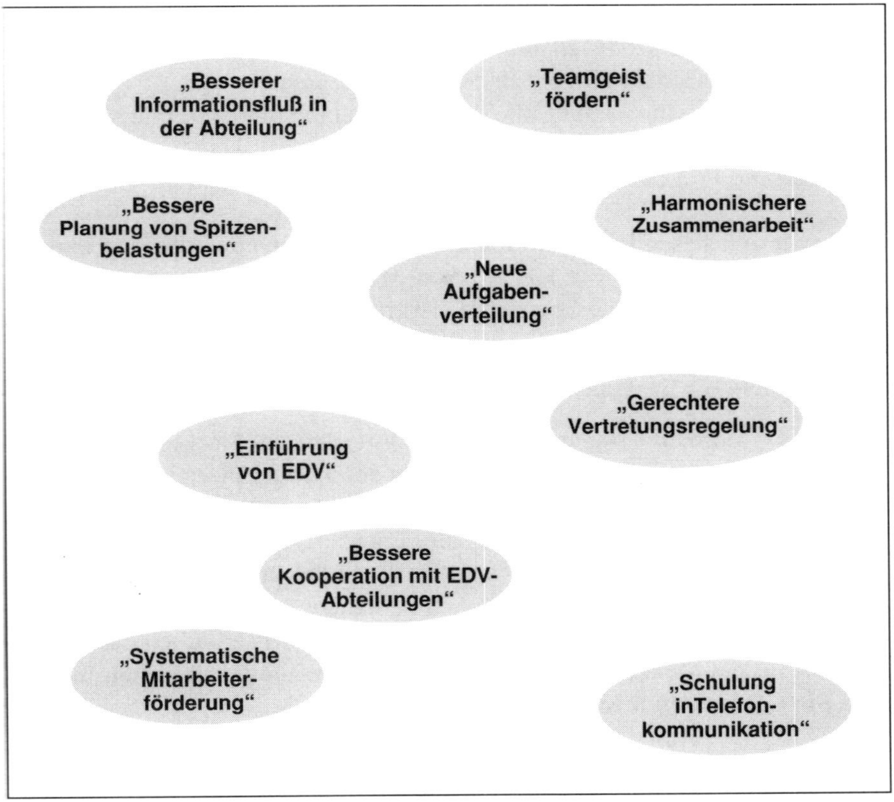

Den Informationsfluß verbessern, die EDV-Unterstützung verstärken, für mehr Kooperation mit der Nachbarabteilung sorgen, eine bessere Planung der Spitzenbelastungen, eine gerechtere Verteilung der Vertretungen die Kundenorientierung erhöhen, systematische Mitarbeiterentwicklung, und noch einiges mehr, das waren die Themen, die ein neu gekürter Abteilungsleiter in die Beratung mitbrachte. Er hatte vor ca. sechs Wochen eine neue Aufgabe im Personalbereich angetreten und sich geduldig aufgeschrieben, welche Erwartungen in ihn gesetzt wurden. Von allen Seiten ist man an ihn herangetreten und hat – zwar vorsichtig, aber deutlich – die Themen genannt, die auf eine Lösung warten.

- ❑ Wie mache ich aus der Fülle der Themen und Probleme ein schlüssiges Konzept für den Führungswechsel?
- ❑ Welche Themen greife ich auf, und welche Themen vernachlässige ich?
- ❑ Welche Kriterien gibt es, um Prioritäten zu setzen ?
- ❑ Wie entwickle ich aus der Fülle der Themen eine motivierende Vision?

Das alles sind Fragen, vor denen jede neue Führungskraft steht.

Bevor wir uns diesen Fragen widmen, lassen Sie mich einen kleinen Umweg machen und etwas darüber nachdenken, was Mitarbeiter in solchen Situationen von ihren neuen Vorgesetzten erwarten.

1. Was suchen Mitarbeiter im Führungswechsel?

Wenn Sie Mitarbeiter fragen, was sie von ihrem neuen Vorgesetzten erwarten, dann werden Sie ganz Unterschiedliches hören. Ihre Fragen reichen von Fragen zu seinem persönlichen Führungsstil über die Frage nach seinem Umgang mit Kritik bis hin zu der Frage nach seinen persönlichen Schwächen. Sie wollen wissen, wie lange er bleibt und welche beruflichen Stationen er bisher durchlaufen hat. Sie suchen, wenn auch nicht immer offen ausgesprochen, nach Informationen, die es ihnen erlauben einzuschätzen, was für ein Mensch ihr neuer Chef ist und welche persönlichen Interessen er mit der neuen Position verbindet.

In vielen *Workshops* mit den neuen Vorgesetzten und ihren Mitarbeitern erfuhren wir, wie wichtig für die Mitarbeiter die Frage nach den *Motiven* des Neuen ist. Die Mitarbeiter wollen wissen, ob es sich „rentiert“, sich auf den Neuen einzulassen. Wenn sie z.B. erfahren, daß dieser nur für zwei Jahre oder eine noch kürzere Zeit die Aufgabe übernommen hat, sind sie verständlicherweise zurückhaltend. Sie überlegen sich recht genau, wieweit und bei welchen Themen sie sich engagieren. Der Neue braucht schon gute Argumente, wenn er sie davon überzeugen will, mit ihm gemeinsam an neuen Konzepten und Veränderungen zu arbeiten, die von eher langfristiger Bedeutung sind.

Mitarbeiter reagieren aber auch zurückhaltend, wenn sie wissen, daß ihr neuer Vorgesetzter in den letzten Jahren *schnelle Karriereschritte* gemacht hat. Sie befürchten, er werde sie nur als Trittbrett für seine eigene Laufbahn benutzen und sich zuwenig um ihre eigenen, eher langfristigen Bedürfnisse und Interessen kümmern. Auch hier muß der neue Vorgesetzte überlegen, wie er seine Mitarbeiter motivieren kann.

1 **Wie lange bleiben Sie?**
Das heißt: Rentiert es sich, sich auf Sie einzulassen?

2 **Welche Vorgaben haben Sie?**
Das heißt: Sind Sie bedrohlich?

3 **Was tun Sie in Ihrer Freizeit?**
Das heißt: Sind Sie auch Mensch?

4 **Wie kommen Sie auf diese Position?**
Das heißt: Welche Beziehungen/Macht haben Sie?

5 **Was haben Sie bisher gemacht?**
Das heißt: Über welche Erfahrungen verfügen Sie?

6 **Was haben Sie vor?**
Das heißt: Was wird sich für sie ändern?

Abb. 12: Was Mitarbeiter von Ihnen wissen wollen

Ähnliche Probleme haben auch Führungskräfte, die eine Position im Ausland antreten. Abgesehen von der Skepsis der Mitarbeiter, ob der Vorgesetzte sich überhaupt in die kulturellen Unterschiede einfühlen kann, wird hier genau registriert, inwieweit der Neue sich auf den neuen Standort einläßt. In manchen Fällen erlebten wir erst eine Entspannung und konstruktive Zusammenarbeit zwischen dem Neuen und den Mitarbeitern, wenn dieser durch einen Umzug ein deutliches Signal gesetzt hatte.

Neben den Fragen nach den persönlichen Motiven des neuen Vorgesetzten, auf die die Mitarbeiter eine klare Antwort erwarten, interessieren sie sich für sein *Programm.* Eine der Fragen, denen wir in unseren „Transition Workshops" immer wieder begegnen, ist: *„Haben Sie schon Vorstellungen darüber, wie Sie ihre neue Aufgabe angehen werden?"*

Dahinter verbirgt sich zunächst das verständliche Interesse, früh darüber informiert zu werden, was sich alles ändern wird. Hier spielt natürlich die Ausgangssituation in der Abteilung eine entscheidende Rolle. Sind die Ergebnisse schlecht oder die Abteilung aus anderen Gründen im Gerede, gehen die Mitarbeiter meist davon aus, daß ihr neuer Vorgesetzter schon eine Vielzahl von Vorgaben mitbringt. Aber auch in Situationen, in denen bislang gute Arbeit geleistet wurde, ist eine der ersten Fragen der Mitarbeiter an ihren neuen Vorgesetzten, ob er bereits über ein Konzept verfügt und welcher Raum darin für ihre Vorstellungen und Ideen vorgesehen ist.

Meist, darauf haben wir bereits in Baustein 1 hingewiesen, ist es eine Mischung aus *Hoffnung auf Veränderung* und dem *Wunsch nach Stabilität,* auf die Sie sich einstellen müssen. Einer der größten Fehler, dem wir leider immer wieder begegnen, ist es, allzuschnell neue Strukturen zu schaffen. Nimmt man dann den Mitarbeitern dabei noch Kompetenzen oder Aufgabenbereiche weg, auf die sie besonders stolz sind, hat man gleich mit erheblichen Widerständen zu rechnen. Eine solche Aktion, ob gewollt oder ungewollt, stellt für die Mitarbeiter sofort ein Signal dafür dar, daß ihre bisherige Arbeit offensichtlich wenig geschätzt wird.

Auf der anderen Seite wollen sie auch ein Konzept. Sie wollen wissen, wo die Reise hingeht. Sie wollen wissen, was sich alles ändern wird, wo sie mit anpacken können und welche Vorstellung ihr neuer Chef von seinem neuen Team hat. Mehr noch, gerade Mitarbeiter, die über einige Zeit nur mangelhafte Ergebnisse erzielt haben, warten auf ein Programm, das sie wieder nach vorne bringt und sie mit Stolz erfüllt.

Damit sind die *Eckpunkte für die Entwicklung eines Programms* markiert, das die Mitarbeiter auch für ehrgeizige Ziele zu motivieren vermag:

- ❏ Das Programm muß deutlich machen, daß den Mitarbeitern nicht irgendein vorgefertigtes Konzept übergestülpt wird, sondern sich der Neue auf ihre besondere Situation einläßt.
- ❏ Das Programm muß den Mitarbeitern zeigen, daß neben dem berechtigten Interesse des Vorgesetzten, erfolgreich zu sein, auch ihre meist längerfristigen Interessen berücksichtigt werden.
- ❏ Das Programm muß durch ein ausgewogenes Verhältnis von Stabilität und Wandel gekennzeichnet sein und wichtigen Errungenschaften des Teams mit Respekt begegnen.
- ❏ Das Programm muß konkret, ehrgeizig und nach innen und außen dokumentierbar sein, damit es die Mitarbeiter mit Stolz zu erfüllen vermag.

2. Eine kommunizierbare Zielelandschaft entwerfen

Management of Change ist ein kommunikativer Prozeß. In dem Abschnitt über *Networking* haben wir schon darauf hingewiesen, daß formale Autorität nur selten ausreichen wird, wenn es darum geht, wichtige Veränderungen zu initiieren. „Wer Engagement will, muß Sinn bieten“, bringt Böckmann den aktuellen Stand der Diskussion um die Motivation von Mitarbeitern auf den Punkt. Dies gilt auch für den Führungswechsel.

Es gilt eine *Zielelandschaft* zu entwerfen, die die Mitarbeiter überzeugt. Gegen Ende des letzten Quartals, also etwa nach den berühmten 100 Tagen, starten die meisten Führungskräfte mit gezielten Veränderungen. Bis dahin haben sie genügend Informationen gesammelt, um sich ein tragfähiges Bild von der Ausgangssituation zu machen.

Erfolgreichen Führungskräften gelingt es nun nicht nur, aus der Fülle von Themen die „richtigen“ auszuwählen, sondern diese auch noch so zu bündeln, daß sie eine überzeugende Botschaft für die Mitarbeiter darstellen. Sie schaffen mit ihrem Programm die Balance zwischen sachlichen Notwendigkeiten und den Interessen der Mitarbeiter, zwischen zwingenden Veränderungen und der notwendigen Stabilität, zwischen Anerkennung der bisherigen Leistungen und der Aufforderung zur Innovation. Außerdem gelingt es ihnen, den Mitarbeitern überzeugend mitzuteilen, daß nur auf der Basis der vorhandenen Stärken die angestrebten Veränderungen realisiert werden können.

So wie heute Vetriebsstrategien aus der Perspektive der Kunden entworfen werden, so sollten die neuen Chefs auch ihre Führungswechselstrategie aus der *Perspektive der Mitarbeiter* entwickeln. D.h. keinesfalls, daß sie das tun, was die Mitarbeiter wünschen. Im Gegenteil, das würde von diesen sofort als eine allzu plumpe Anpassung verurteilt. Sie hinterfragen aber alle angestrebten Ziele auf ihre Wirkung bei den Mitarbeitern.

Wir haben auf der Basis einer Vielzahl von Beratungen ein einfaches, aber äußerst *wirkungsvolles Modell* entworfen. Es soll neue Führungskräfte dabei unterstützen, eine motivierende *Zielelandschaft* zu entwerfen. Es enthält zunächst die zentrale Unterscheidung zwischen *Stabilitäts- und Veränderungszielen.* Führungskräfte sind heute meist darin trainiert, in Zielen und Zielerreichung zu denken. Getreu dem Motto „Über Selbstverständlichkeiten redet man nicht" sind sie dabei aber in hohem Maße auf Veränderungen fixiert. Aus der Sicht der Mitarbeiter, gerade dann, wenn sie den Neuen noch nicht einschätzen können, hinterläßt eine solche *einseitige* Zielelandschaft allzuleicht den Eindruck, daß das, was sie bisher machten, nichts mehr wert sei.

So ist z.B. bei allen notwendigen Veränderungen in der Vertriebsstrategie das gute Klima einer Abteilung von besonderem Wert. Mehr noch, es ist geradezu eine Voraussetzung für eine erfolgreiche Veränderung in der Vertriebsstrategie und sollte deshalb auch explizit genannt werden. Nach unserer Erfahrung sollten neue Führungskräfte deshalb immer darauf achten, daß sie auf *drei Veränderungsziele mindestens ein Stabilitätsziel* formulieren. Nur so können sie ein positives Veränderungsklima erzeugen.

Neben der Unterscheidung von Stabilitäts- und Veränderungszielen haben wir noch eine zweite Dimension in diese Zielelandschaft eingearbeitet. Damit wollen wir einer weiteren Einseitigkeit von Führungskräften vorbeugen. Wenn wir Führungskräfte nach ihren Zielen fragen, erhalten wir zu *80 % aufgabenbezogene Ziele.* Dies scheint selbstverständlich und nahelie-

	Stabilität	Veränderung
Aufgaben-bezogene Ziele	• Bemühungen, Abläufe zu optimieren • Eigenständigkeit und Eigenverantwortung	• Einführung von EDV • Einrichtung von ablauforientierten Teams
Team-bezogene Ziele	• Raum zur Selbstorganisation	• Gerechtere Vertretungsregelung • Regelmäßige Terminbesprechung
Mitarbeiter-bezogene Ziele		• Erstellung individueller Entwicklungspläne • Gezielte individuelle Förderung

Abb. 13: Zielelandschaft im Beispiel

	Stabilität	Veränderung
Aufgaben-bezogene Ziele		
Team-bezogene Ziele		
Mitarbeiter-bezogene Ziele		

Abb. 14: Zielelandschaft

gend. Schließlich werden ihnen gerade zu Beginn eine Fülle von Themen wie höherer Umsatz, besserer Ertrag oder Steigerung der Qualität genannt.

Betrachtet man auch diese zweifelos übliche Praxis der Zielbestimmung aus der Perspektive der Mitarbeiter, so ergibt sich auch hier eine Gefahr. Es entsteht allzuleicht der Eindruck, als würde der Blick des Neuen nur auf den Aufgaben liegen. Die Stimmung und das Zusammenspiel im Team und die persönlichen Interessen des einzelnen finden in seiner Zielelandschaft keine Beachtung. Deshalb haben wir neben die aufgabenbezogenen Ziele team- und personenbezogene Ziele als eigene Kategorien gestellt. Eine Verbesserung des Klima, die Erhaltung der guten Zusammenarbeit, die Steigerung der Flexibilität und die individuelle Förderung der einzelnen Mitarbeiter sind Ziele, die nicht unter den Tisch fallen dürfen.

Wenn Sie Ihre Ziele erarbeiten und diese langsam aber sicher zu einem kommunizierbaren Konzept bündeln, sollten Sie dieses Modell einer Zielelandschaft immer vor Augen haben. Es soll Ihnen eine Hilfe sein für eine möglichst ausgewogene Erstellung Ihrer Zielelandschaft. Sie sollten aber auch darauf achten, daß Sie nicht zu viele Ziele bzw. Schwerpunkte ihrer zukünftigen Tätigkeit nennen. Mehr als drei bis fünf Schwerpunkte, so unsere Erfahrung, lassen sich nicht zu einem schlüssigen Konzept bündeln.

Liste 8: Beobachtungen in der neuen Abteilung

1. Welche Ziele sind Ihnen vorgegeben?

2. Welche Ziele haben Sie bereits für sich entwickelt?

3. Welche Ziele dürfen auf keinen Fall unter den Tisch fallen?

4. Welches sind Ihre Stabilitätsziele?

5. Welche Ziele verfolgen Sie für das Team und die einzelnen Mitarbeiter?

6. Für welche Ziele haben Sie bereits Akzeptanz?

7. Welche Ziele können Sie auch zu einem späteren Zeitpunkt verfolgen?

---

8. Angenommen, Sie müßten sich auf drei bis fünf Ziele beschränken, welche würden Sie auswählen?

---

9. Welche Ziele können Sie zu einer kommunizierbaren Vision bündeln?

---

3. Einige Fallen in der Zielformulierung

Bessere Ergebnisse, geringere Kosten, besseres Klima, mehr Einsatzfreude sind die typischen Ziele, mit denen Führungskräfte heute konfrontiert werden. Diese gilt es zunächst einmal zu präzisieren, wenn sie erreicht werden sollen. Denn es sind die typischen *Globalziele,* hinter denen sich meist mehr verbirgt, als man zunächst ahnt. Erst wenn man damit beginnt zu hinterfragen (*Was heißt denn überhaupt besser? Wieso besser? Wer beurteilt besser und welche Kriterien gibt es, um die Verbesserung zu beurteilen?),* wird etwas klarer, was sich hinter solchen Zielformulierungen verbirgt.

Fehler 1: Arbeit mit Globalzielen
So heißt z.B. *Kundenorientierung* nicht nur die Perspektive des Kunden einnehmen, sondern auch die schnelle interne Kommunikation der Kundenbedürfnisse, die beständige Rückkopplung über die Wirkung eigener Maßnahmen und vieles mehr. Auch das oft so naheliegende Ziel der *Verbesserung der Zusammenarbeit im Team* wird schnell zu einer hohen Anforderung, wenn man es etwas genauer betrachtet.

Wer hat sich nicht schon alles daran versucht? Wie würde eine bessere Zusammenarbeit denn konkret aussehen? Woran ist sie bisher gescheitert? Welches wäre der erste Schritt, um dem Ziel näherzukommen? Das wären einige der Fragen, die man beantworten müßte, wenn man hierfür nach einer Lösung sucht. Erst wenn man die globalen Ziele in die dafür notwendigen *Teilziele* zerlegt, kann man realistisch einschätzen, welchen Aufwand es bedeutet, dieses Ziel zum Bestandteil seiner Strategie zu machen.

Ein typisches Problem von Führungswechseln ist immer wieder, daß gerade zu Beginn – unter dem vermeintlichen Druck, schnell zu sagen, wo es langgeht – allzu leichtfertig Zielsetzungen formuliert werden, die dann nicht realisiert werden können. Dies nagt an der Glaubwürdigkeit.

Fehler 2: Arbeit an drängenden statt an zentralen Problemen
Ist es gelungen, aus den globalen Zielen präzise Zielformulierungen zu entwickeln, so gilt es einen zweiten Fehler zu vermeiden. Immer wieder versäumen neue Führungskräfte, die Bedeutung der Ziele nüchtern einzuschätzen. Sie stürzen sich auf jene Probleme, die ihnen als drängend angeboten werden – und davon gibt es bei jedem Führungswechsel gerade genug. Schließ-

positiv – negativ	zentral – peripher
Noch immer werden schnell negative Ziele formuliert, wie z.B. „Weniger Konflikte". Sie sind kein hilfreiches Ziel, da sie nicht sagen, was es zu tun gilt.	Es werden viel zuviel periphere Probleme nur deshalb gelöst, weil sie dringlich erscheinen. Zentrale Probleme erkennt man an ihrer Wirkung auf das Gesamtsystem.
global – spezifisch	**implizit – explizit**
„Ein besseres Klima" ist ebenfalls kein hilfreiches Ziel, da es viel zu global ist und damit keine Einschätzung der Realisierungschancen erlaubt.	Will man ein bestimmtes Ziel erreichen, wie z.B. einen besseren Kontakt zur Nachbarabteilung, dann sind damit schnell noch weitere Zielsetzungen verbunden. Mehr Solidarität in wichtigen strategischen Entscheidungen, mehr Distanz zu anderen Abteilungen sind mögliche implizite Ziele, die gern vergessen werden.

Abb. 15: Einige typische Fehler in der Zielformulierung

lich warten alle darauf, daß der Neue endlich alle Probleme löst, die schon längst zur Lösung anstanden.

So bekam Herr R., als er seine neue Position als Produktionsleiter antrat, von seinem Vorgesetzten gleich zu Beginn eine lange Liste von Themen. Alle warteten bereits seit geraumer Zeit auf eine Lösung, schließlich war die Leitungsposition ein halbes Jahr nur kommissarisch besetzt. So begann er nach relativ kurzer Zeit der Einarbeitung, sich darum zu kümmern, daß die nötigen Informationen aus dem Vertrieb zur Steuerung der Produktion schnell und zuverlässig zur Verfügung standen. Die anfängliche Skepsis und Warnungen einiger Mitarbeiter schlug er in den Wind, da er sie als übertriebenen Pessimismus deutete. Erst nach zwei bis drei Monaten sollte sich zeigen, daß sich an dieser Aufgabe vor ihm schon andere kluge Köpfe versucht hatten und daß sie keineswegs so einfach zu lösen war, wie er ursprünglich angenommen hatte.

Die gerade zu Beginn immer wieder zu beobachtende Fehleinschätzung der Größe der Probleme hängt oft damit zusammen, daß die in Schritt 1 beschriebene Zerlegung des Ziels in die dafür notwendigen Handlungsschritte nur unvollständig oder gar nicht durchgeführt wurde. D. Dörner, der bereits erwähnte Denkpsychologe, nennt ein solches Verhalten „Reparaturdienstverhalten". Er beobachtete es in seinen Studien immer wieder, auch bei erfahrenen Managern. Hatten sie zwei wichtige Themen erkannt, so konnten es manche Versuchspersonen offensichtlich nicht aushalten, mit der Suche nach einer Lösung zu beginnen, obwohl sie sich der Größe und Bedeutung des Problems nicht immer bewußt waren.

Fehler 3: Isolierte Betrachtung der Ziele
Ein dritter Fehler, den Sie möglichst vermeiden sollten, ist, die Ziele isoliert zu betrachten. Schreiben Sie sich alle Probleme auf eine große Liste und überlegen Sie, wie sie miteinander zusammenhängen. Sie werden dann schnell entdecken, daß einige Ziele die Voraussetzung für andere sind, andere eher peripher oder weniger kritisch erscheinen. So ist z.B. das Ergebnis eines Vertriebsteams nicht nur abhängig vom Verkaufsverhalten der einzelnen Mitarbeiter vor Ort, sondern auch von einer Vielzahl anderer Variablen.

Vertriebsstrategien, die Kommunikation zwischen Innen- und Außendienst, die Positionierung der einzelnen Mitarbeiter und die Motivation spielen eine nicht minder bedeutsame Rolle. Sie sind somit prinzipiell Ansatzpunkte für einen neuen Vorgesetzten in einer Vertriebsorganisation, wenn er das Ergebnis beeinflussen will.

Sie müssen aber, wie Herr M., der ein Vertriebsteam von sieben Leuten in den neuen Bundesländern übernahm, abwägen, welche Variablen welche Bedeutung haben. War es zunächst die Positionierung der Mitarbeiter, die offensichtlich durch Versäumnisse der Vergangenheit nicht optimal war? Im Rahmen einer der ersten Teamtagungen begann Herr M. deshalb mit seinen Mitarbeitern nach den Kriterien zu suchen, die dem Team dabei helfen sollten, „den richtigen Mann an den richtigen Ort zu schicken". Diese Diskussion führte ganz automatisch zu einer Veränderung der internen Kommunikation über Verkaufserfolg bzw. Verkaufsstrategien, was letztlich Einfluß nahm auf das Verkaufsverhalten.

Denken Sie vernetzt statt linear! So läßt sich eine wichtige Erkenntnis der modernen Problemlösungsstrategien zusammenfassen. Ergebnisse, Marktentwicklungen und Probleme im Unternehmen sind immer das Ergebnis des Zusammenspiels einer Vielzahl von Variablen. In solchen Situationen kommt es nicht darauf an, möglichst viele Kräfte einzusetzen, sondern die vorhandenen Kräfte auf den jeweils wirkungsvollsten Punkt zu richten. Hierfür ist es notwendig, sich ein Bild des Zusammenspiels der wichtigen Variablen zu machen.

4. Visionen – der Blick in die Zukunft

„Nur wer Visionen hat, kann strategische Ressourcen sinnvoll einsetzen", schreibt Managementprofessor Hermann Simon. Denn Visionen weisen nicht nur den Weg, sondern entfalten eine eigene Kraft, indem sie den Mitarbeitern die Möglichkeit der Identifikation bieteten.

Vision ist ein großes und – gerade in den letzten Jahren – strapaziertes Wort. Fast automatisch denkt man dabei an die Visionen der Gründer großer Unternehmen wie Robert Bosch, Gottfried Daimler oder Karl Zeiss. Lassen Sie sich dadurch aber nicht abschrecken. Es geht nicht um die Entwicklung eines Lebenswerkes, sondern um einen mutigen Blick in die Zukunft. Visionäres Denken meint nämlich zunächst nicht viel mehr, als sein Handeln nicht ausschließlich durch die anstehenden Probleme bestimmen zu lassen, sondern durch das Ziel, auf das es hinzuarbeiten gilt. *Jemand, der eine Vision besitzt, beschreibt nicht den Weg, sondern zuerst das Ziel.* Er malt ein Bild von dem Zustand, den es zu erreichen gilt.

„Ich stelle mir vor, daß wir in zwei bis drei Jahren einen ausgezeichneten Stand im Markt haben. Wir haben unsere Position um 10% verstärkt. Wir treffen uns mit unseren wichtigen Kunden, und wir entwickeln neue Konzepte auf unseren Teamtagungen. Wir treffen uns regelmäßig und fühlen uns gemeinsam verantwortlich für den Erfolg."

Mit diesen Worten beschrieb ein Teamleiter seinem Team seine persönliche Vision für ihre Arbeit. Er markierte nicht nur ein zweifellos ehrgeiziges Ergebnis, sondern verdeutlichte auch recht detailliert das Zusammenspiel im Team. Solche Bilder helfen, ähnlich wie das Bild des berühmten Saint-Exupéry, den Mitarbeitern eine Vorstellung davon zu geben, wo die Reise hingehen soll.

Stellen Sie sich deshalb die Fragen in Liste 9 (S. 91).

Visionen sind ein lebendiger Blick in die Zukunft. Sie beschreiben das Unternehmen, die Abteilung in einer Reihe von Jahren.

Die besten Fahrer der Welt werden sich bei den Weltklasserennen auf Produkte aus unserem Hause verlassen. Die Gewinner der Tour de France, der Fahrrad-Weltmeisterschaften und der olympischen Goldmedaille werden gewinnen, indem sie Helme von Giro tragen. Wir werden unaufgefordert Anrufe und Briefe von Kunden erhalten, die sagen: „Danke, daß Sie im Geschäft sind; einer Ihrer Helme hat mir das Leben gerettet." Unsere Mitarbeiter werden spüren, daß dies der beste Platz ist, an dem sie jemals gearbeitet haben. Sollten sie die Leute fragen, wer der Beste und Bekannteste in der Zweiradbranche ist, wird die überwältigende Mehrheit sagen: „**Giro**".

Die *Vision* von Giro Sportdesign.
Aus Corporate Vision Statement, 1991

Abb. 16: Visionäre Strategien

Liste 9: Fragen zur Unterstützung visionären Denkens

1. Welche Ziele will ich in zwei Jahren erreicht haben?

2. Welches werden die Kennzeichen dieser Abteilung in zwei Jahren sein, die sofort auffallen?

3. Wie werden die Mitarbeiter miteinander umgehen?

4. Wie wird Ihr Zusammenspiel mit anderen Bereichen aussehen?

5. Womit werden Sie zufrieden sein, und was werden Sie an neuen Themen haben?

Memo: Zusammenfassung zu Baustein 4

1. Mitarbeiter warten auf ein Konzept, das sie nach vorne bringt und mit Stolz erfüllt.

2. Ihre Kunden sind die Mitarbeiter. Entwerfen Sie eine kundenorientierte Zielelandschaft.

3. Achten Sie auf die Balance von Stabilität und Wandel.

4. Malen Sie ein Bild von der Zukunft.

Einige sichere Fehler

Ein relativ sicherer Weg in Schwierigkeiten ist:

- **Stürzen Sie sich auf die Probleme, die ganz dringend gelöst werden müssen.**
- **Fordern Sie schnelle Veränderungen, indem Sie auf die Probleme hinweisen.**
- **Packen Sie zuerst einmal an, bevor Sie sich ein Bild von der Gesamtsituation gemacht haben.**

Baustein 5
Ein positives Veränderungsklima fördern

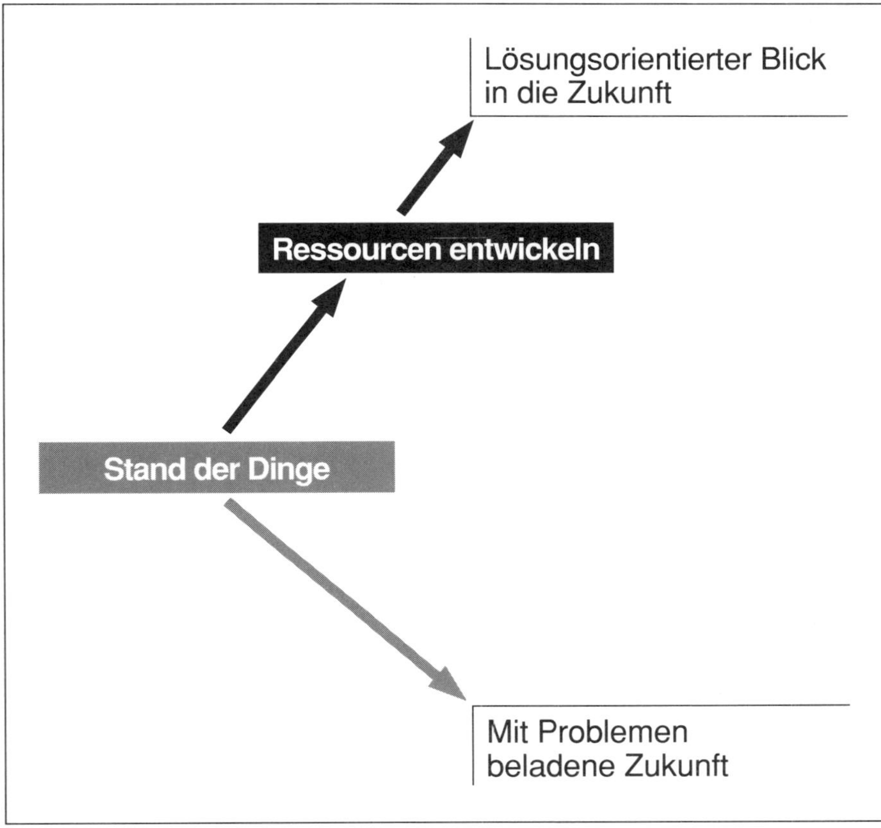

Erfolgreichen Führungskräften gelingt von Anfang an etwas ganz Entscheidendes: ein positives Veränderungsklima zu entwickeln. Wie machen sie das? Wie gelingt es ihnen, die Mitarbeiter emotional auf die anstehenden Veränderungen einzustimmen und die fast immer vorhandene Skepsis zu überwinden? Wie schaffen sie es gar, Lust auf Neues zu entwickeln und damit die Basis auch für ehrgeizige Projekte zu schaffen?

Es sind drei Dinge, die offensichtlich hierfür entscheidend sind:

1. Fragend anerkennen durch anerkennendes Fragen

Erfolgreiche Führungswechsler sind nicht nur höchst kommunikativ, sondern sie stellen auch Fragen, die den Mitarbeitern sowohl das Gefühl von Stärke, als auch den Blick in die Zukunft vermittelt.

2. Positiver Umgang mit Skepsis

Erfolgreiche Führungswechsler beherrschen offensichtlich auch die Fähigkeit, mit der Skepsis von Mitarbeitern so geschickt umzugehen, daß sie dadurch nicht blockiert werden.

3. Lust auf Neues

Erfolgreiche Führungswechsler sind neugierig. Sie sind Entdecker und schaffen damit eine Kultur, die die Bereitschaft für Innovation und Veränderung bewirkt.

1. Fragend anerkennen durch anerkennendes Fragen

Man muß schon ganz genau hinsehen, um zu entdecken, wo sich erfolgreiche neue Chefs von weniger erfolgreichen unterscheiden. Ein wichtiger Faktor ist, daß erfolgreiche Führungswechsler *anders fragen.* Sie fragen *nicht* nach Problemen, schon gar nicht am Anfang. Wenn sie sich bei ihren neuen Mitarbeitern informieren, und dies tun sie konsequent und ausgiebig, dann lassen sie sich genau beschreiben, wie alles funktioniert. Sie fragen nach den Abläufen und dem Zusammenspiel zwischen den Abteilungen. Sie fragen nach den wichtigen *Unterschieden* zwischen Abteilungen und wichtigen Veränderungen in der *Vergangenheit.* Sie fragen nach den Problemen, die *gelöst wurden,* und den Stärken, die dafür nötig waren. Sie fragen nach wichtigen Errungenschaften und anstehenden Veränderungen. Frage für Frage, mit viel Respekt für die bisherigen Leistungen, entwickeln sie so systematisch ein Bild der Ausgangssituation.

Reflexive questions, Fragen zum Nachdenken, nennen die Amerikaner solche Fragen. Es sind Fragen, die nicht nur dazu dienen, Informationen zu sammeln, sondern *neue Informationen zu schaffen.*

Wenn ich z.B. die Mitarbeiter nicht einfach danach frage „wo denn die Probleme sind", sondern sie bitte, „mir den Unterschied zwischen Abteilung A und B zu entwickeln", so erhalte ich zunächst die gewünschte Information. Darüber hinaus löst eine solche Frage bei meinem Gesprächspartner ein weiteres Reflektieren über diesen Unterschied aus. Wenn ich dann noch weiter

Fragen, die zum Nachdenken anregen

- „Welches ist der Unterschied zwischen Abteilung A und Abteilung B?"
- „Wie erklären Sie sich die geringe Unterstützung von Abteilung B?"
- „Angenommen, es verändert sich nichts, wie wird sich das auf Ihre Abteilung auswirken?"
- „Welche Erklärung könnte Abteilung B für ihre geringe Unterstützung geben?"

Fragen, die Stärken entwickeln

- „Auf welche Produkte sind die Mitarbeiter in Ihrer Abteilung besonders stolz?"
- „Wie schafften Sie letztes Jahr den Abschluß trotz der angespannten Personalsituation?"
- „Welche Stärken haben Sie typischerweise in schwierigen Zeiten?"

Fragen, die in die Zukunft weisen

- „Welche Themen werden uns in zwei Jahren beschäftigen?"
- „Woran werden Sie erkennen, daß Sie Ihr Ziel erreicht haben?"
- „Welchen Überraschungen werden wir begegnen?"

Abb. 17: Fragend anerkennen – anerkennend fragen

frage: „Wie erklären Sie sich die geringe Unterstützung der Abteilung B?" und „Gibt es noch andere Erklärungen?", so mache ich deutlich, daß mir daran gelegen ist, die unterschiedlichen Sichtweisen kennenzulernen. Damit entwickle ich langsam aber sicher ein Klima, in dem bestehende Sichtweisen gelockert und neue Sichtweisen entwickelt werden können.

Erfolgreiche Führungskräfte in neuen Positionen benutzen noch eine zweite Gruppe von Fragen. Die Amerikaner nennen diese Fragen *resourceful questions* und meinen damit Fragen, die systematisch auf die Suche nach Stärken gehen. Veränderungen brauchen Vertrauen in die eigenen Stärken, und da dieses häufig nicht vorhanden ist, gilt es, das Bewußtsein für die eigenen Stärken zu entwickeln. Fragen Sie deshalb Ihre Mitarbeiter nach den Projekten in der Abteilung, auf die sie stolz sind, wie sie den Abschluß im letzten Jahr trotz der angespannten Personalsituation geschafft haben, welche Stärken sie in den letzten zwei Jahren noch weiter entwickelt haben, über welche Stärken sie früher noch verfügten und was man tun müßte, damit diese wieder zur Geltung kommen.

Was Sie auf keinen Fall tun sollten, wenn Sie daran interessiert sind, ein positives Veränderungsklima zu entwickeln, ist die *Frage nach der Ursache von Problemen.* Abgesehen davon, daß sie in den seltensten Fällen lösungsweisende Antworten erhalten, führt dies nur zu unnötigen Rechtfertigungen. Es ist wesentlich hilfreicher, davon auszugehen, daß die Mitarbeiter bisher alles unternommen haben, um die anstehenden Probleme zu lösen.

Dies ist eine Hypothese, die in vielen Seminaren immer wieder hektische Diskussionen auslöst. Sie scheint der Erfahrung zu widersprechen, und es fällt vielen Führungskräften schwer, eine solche Perspektive einzunehmen. Dabei ist es die einzig sinnvolle Arbeitshypothese. Es ist die notwendige Grundhaltung, um dafür zu sorgen, daß der Gesprächspartner tatsächlich beginnt, seine Stärken zu entdecken.

2. Der Umgang mit Skepsis

Trotz aller Interviewstrategien und geduldiger Fragen müssen Sie in vielen Fällen mit einer erheblichen Portion Skepsis bei den Mitarbeitern rechnen. Sind Sie gar der Dritte, wie in jenem Fall, wo in knapp drei Jahren der dritte Vorgesetzte versuchen sollte, die für das Unternehmen wichtige Kundenannahme auf den Weg zu bringen, dann wird der Umgang mit Skepsis zur *Schlüsselkompetenz.*

Die Mitarbeiter wollten nicht mehr daran glauben, daß es eine Lösung für ihre Probleme gäbe. Seit drei Jahren kämpften sie mit der Telefonanlage, die immer neue Hindernisse aufstellte, hörten sich die Beschwerden der Kunden über viel zu lange Wartezeiten an und beklagten eine völlig unzureichende Information durch die Produktion. Sie hatten schon viel versucht, sowohl an technischen Lösungen als auch im kommunikativen Bereich. Bisher gab es allerdings noch keinen durchschlagenden Erfolg, und die Stimmung war entsprechend negativ. So war es nicht weiter verwunderlich, daß man dem Neuen, der zweifellos über gute Kompetenzen verfügte, sehr reserviert begegnete. Sollte er wieder, ähnlich wie sein Vorgänger, gleich eine Erfolgsstrategie verkünden, würde dies die Skepsis noch verstärken.

Worauf kommt es in einer solchen Situation an? Was müßte man dem neuen Vorgesetzten raten, wenn er erfolgreich sein soll?

❑ *Begegnen Sie der Skepsis positiv.*

Seien Sie dankbar für die Skepsis. Sie schützt vor überzogenen Erwartungen und beinhaltet oft eine Vielzahl von Hinweisen auf mögliche Hindernisse, die gerne übersehen werden. Sie zeigt auch, daß die Mitarbeiter an dem Thema interessiert sind, sonst würden sie sich ganz zurückhalten.

Einer der häufigsten Fehler im Umgang mit skeptischen Mitarbeitern ist die sofort einsetzende Kritik des Vorgesetzten an einer solch „destruktiven" Haltung. Dahinter steht meist die Sorge, daß diese Haltung andere ansteckt, möglicherweise auch die neuen Vorgesetzten. Führungskräfte fühlen sich schnell bedroht durch eine solch skeptische Haltung und sind bemüht, sie schnell zu verändern. Damit geraten sie aber nicht nur gleich zu Beginn in eine Frontstellung zu den Mitarbeitern, sondern laufen auch Gefahr, sich in einem Teufelskreis zu verfangen.

❑ *Differenzieren Sie die Skepsis.*

Wenn wir bei unseren Workshops mit den Mitarbeitern und ihren neuen Vorgesetzten auf eine skeptische Haltung stoßen, dann bitten wir die Mitarbeiter, alle Punkte, *„die ihrer Meinung nach die erfolgreiche Umsetzung der*

Abb. 18: Optimisten und Pessimisten – ein Teufelskreis, den keiner will

Strategie behindern könnten", auf Karten zu schreiben. Der Effekt ist immer derselbe:

- Eine ausgesprochene Skepsis ist nicht mehr dieselbe wie die unausgesprochene. Sie zeigt unterschiedliche Aspekte. So ergibt sich schnell, daß manche Mitarbeiter skeptisch sind hinsichtlich der *Schlüssigkeit der Strategie*, andere hinsichtlich der *Fähigkeit zur Umsetzung* und wieder andere bezüglich der *konsequenten Durchführung*. Fragen wir dann noch weiter, *„welcher Aspekt wohl am hartnäckigsten einer erfolgreichen Strategie im Wege stehen könnte"*, so differenziert sich die zunächst sehr hoch erscheinende Skepsis noch weiter.
- Die *gesammelte Skepsis an der Wand* hat noch einen zweiten Effekt. Sie führt fast zwangsläufig zu gegenläufigen, d.h. *optimistischen Impulsen in der Gruppe*. Wenn man als Vorgesetzter bzw. Moderator nicht den Fehler macht, allzufrüh optimistisch zu werden, so hat man eine reale Chance, eine optimistischere Grundstimmung in der Gruppe einzuleiten.

❑ *Hüten Sie sich deshalb vor der Rolle eines optimistischen Wanderpredigers.*

Führungskräfte neigen dazu, aufgrund der inneren Haltung *„Alles ist lösbar"* allzuschnell die Rolle des Optimisten zu übernehmen. Ohne daß sie sich dessen bewußt sind, nehmen sie damit ihren Mitarbeitern selbst die Möglichkeit, ihre Skepsis zu überwinden, und sorgen für eine einseitige Rollenverteilung.

Erfolgreicher Umgang mit Skepsis heißt damit, das Gleichgewicht zwischen der eigenen positiven Grundhaltung und dem Respekt vor einer gewachsenen Skepsis zu halten. Es heißt vor allem, sich nicht einseitig die Rolle des Optimisten zuschreiben zu lassen.

3. Klima – die Basis jeder Veränderung

Fragend anerkennen durch anerkennendes Fragen und der konstruktive Umgang mit Skepsis sind die Eingangsvoraussetzungen für die Entwicklung eines positiven Veränderungsklimas. Hier entscheidet sich schon recht früh im Führungswechsel, ob es gelingt, ein konstruktives Veränderungsklima zu entwickeln. Jede erfahrene Führungskraft weiß, daß alle guten Argumente für die anstehenden Veränderungen wenig nützen, wenn dafür nicht das erforderliche Klima unter den Mitarbeitern entwickelt ist. Was heißt positives Veränderungsklima? Durch welche Variablen ist es gekennzeichnet, und wie läßt es sich beeinflussen?

Herr B. übernahm ein Team mit sechs Mitarbeitern im Vertrieb eines großen Büromaschinenherstellers. Die Mitarbeiter plazierten Geräte, machten den Service und hielten den Kontakt zum Kunden. Die Aufgabe wurde ihm schon im Vorfeld als schwierig beschrieben. Die Mitarbeiter seien sehr unterschiedlich, schlecht motiviert und hätten wenig Kontakt zu anderen Gruppen. Sein Vorgänger habe im letzten Jahr erhebliche Schwierigkeiten gehabt, diese Gruppe zu führen und sich deshalb um eine andere Position bemüht. Gleichzeitig stünden aber wichtige strukturelle Änderungen an, die bei der jetzigen Verfassung des Teams wohl nur wenig Chancen auf eine erfolgreiche Umsetzung hätten.

Schon bei einem ersten Teamtreffen begegnete Herr B. einer destruktiven Stimmung. Da er vorgewarnt war, ließ er sich jedoch nicht weiter beeindrucken. Ihm gegenüber standen sechs Einzelkämpfer, die nur wenig miteinander zu tun hatten. Sie beklagten ihre geringe Information, das knappe Personal, die schlechte Vertriebsstrategie und ihre eigene Teamsituation. Sie wußten, daß er von einem Team kam, das als sehr erfolgreich und harmonisch galt. In der Pause erkundigten sie sich, jeder für sich, nach seinen Erfahrungen. Sie zeigten sich jedoch auch sofort sehr skeptisch, ob diese wohl zu übertragen seien.

Herr B. kündigte an, daß er wohl gehört habe, daß sie eine recht schwierige Zeit hinter sich hätten. Er wolle sich deshalb die Zeit nehmen, um zunächst einmal in den nächsten drei bis vier Wochen mit jedem einzelnen zu sprechen. Er werde sie aufsuchen, mit ihnen Kunden besuchen und sich anschließend mit ihnen zusammensetzen.

Diese Gespräche waren der Einstieg in eine Veränderung des Klimas. In langen persönlichen Gesprächen informierte sich Herr B. über ihre Erfahrungen, Wünsche, verpaßten Entwicklungen und vieles mehr. Er sprach mit ihnen über ihre Zusammenarbeit im Team und nach den Möglichkeiten, diese zu fördern.

In einem zweiten Teamtreffen, das er sorgfältig vorbereitete, bat er sie, einmal ausführlich über ihre Kunden zu berichten. Er bat sie, sowohl von Kunden zu berichten, die sie bisher erfolgreich betreut hatten, als auch über jene, mit denen sie Schwierigkeiten hatten. Damit eröffnete er eine Diskussion über Strategien, wie es ihn schon seit langem im Team nicht mehr gegeben hatte. Da sich Herr B. vorgenommen hatte, zu diesem Zeitpunkt auf keinen Fall mögliche Veränderungen zu diskutieren, sondern sich ausschließlich auf das Potential zu konzentrieren, das in der Gruppe sichtbar wurde, verlief diese Tagung sehr entspannt. Er nahm diesen Verlauf zum Anlaß, einen Mitarbeiter zu bitten, die nächste Tagung vorzubereiten. Er machte deutlich, daß dies „ein wichtiges Prinzip für ihn sei, da sie schließlich diejenigen seien, die am

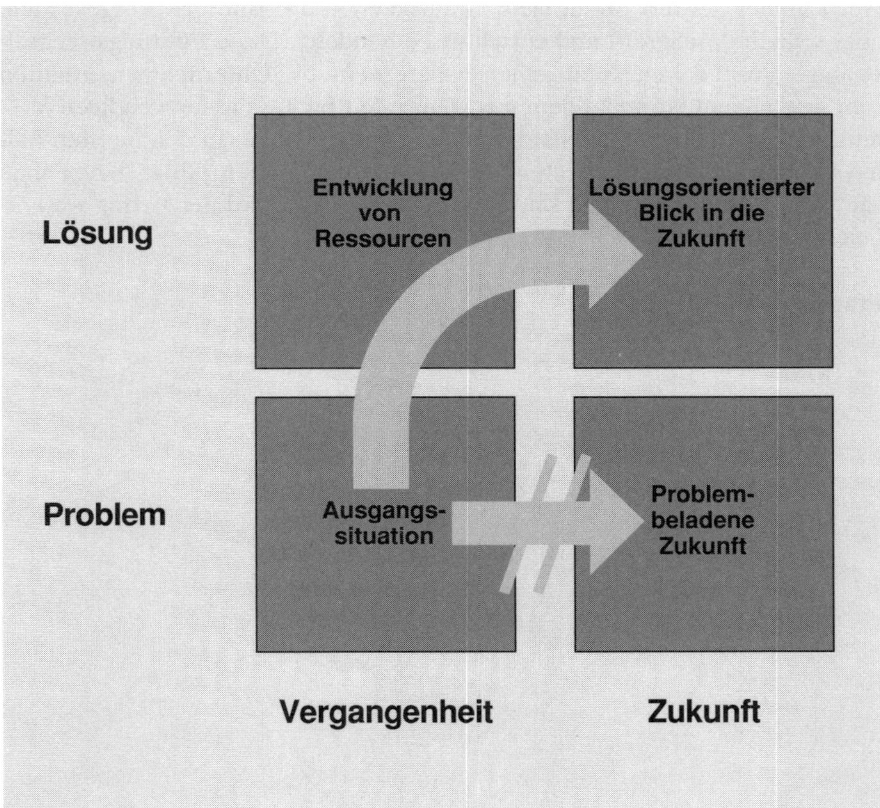

Abb. 19: Die Entwicklung eines positiven Veränderungsklimas

besten entscheiden könnten, wie die Tagung zu gestalten sei, damit sie alle davon profitieren können".

Nach gut einem halben Jahr intensiver Arbeit mit den einzelnen Mitarbeitern, einer ganzen Reihe sorgfältig vorbereiteter Teamtagungen und der geschickten Vergabe von Aufgaben war es Herrn B. letztlich gelungen, ein Klima zu erzeugen, das für größere strukturelle Veränderungen bereit war. Die Mitarbeiter hatten wieder Zutrauen zu ihren Fähigkeiten entwickelt und auch gelernt, sich untereinander auszutauschen. So konnte Herr B. beginnen, Vertriebsstrategien zu diskutieren und eine regionale Umverteilung vorzunehmen.

Noch immer geistert durch viele Unternehmen das Bild des Vorgesetzten, „der schnell durchgreift und entschlossen handelt". Diese Führungswechselstrategie greift selten. In manchen Fällen, wenn die Unternehmenssituation sehr angespannt ist und einem nur wenig Zeit bleibt, die notwendigen Veränderungen zu vollziehen, hat man keine andere Wahl. In den meisten Fällen ist man jedoch gut beraten, wenn man „den Boden pflügt, bevor man sät". Die Reibungsverluste sind wesentlich geringer und der Ertrag wesentlich höher.

Fragen Sie sich deshalb:

Liste 10: Veränderungen behutsam einleiten

1. *Wieviel Vertrauen haben die Mitarbeiter in Ihre Fähigkeiten?*

2. *Was weiß ich von ihren Stärken?*

3. *Welche Stärken müssen dringend entwickelt werden?*

4. *Welche Projekte können die Stärken entwickeln ?*

Memo:
Zusammenfassung zu Baustein 5

1. Die Entwicklung eines positiven Veränderungsklimas ist eine der ersten Aufgaben bei Führungswechseln.

2. Begegnen Sie den Mitarbeitern mit Respekt und Anerkennung für ihre Leistungen, vor allem dann, wenn diese selbst nicht daran glauben.

3. Schaffen Sie Anerkennung durch Fragen, und fördern Sie die Bereitschaft, andere Sichtweisen einzunehmen.

4. Bedanken Sie sich für Skepsis. Sie enthält wertvolle Hinweise auf mögliche Hindernisse.

5. Hüten Sie sich vor der Rolle des Optimisten. Sie hält die anderen zwangsläufig in der Rolle der Pessimisten.

Einige sichere Fehler

Ein relativ sicherer Weg in Schwierigkeiten ist:

- **Sprechen Sie gleich zu Beginn viel über Probleme.**
- **Sammeln Sie die Schwächen Ihrer Mitarbeiter.**
- **Glauben Sie fest daran, daß nur Ihr Optimismus in dieser Situation helfen kann.**
- **Kämpfen Sie gegen negative Stimmungen.**

Baustein 6
Veränderungen wirkungsvoll initiieren

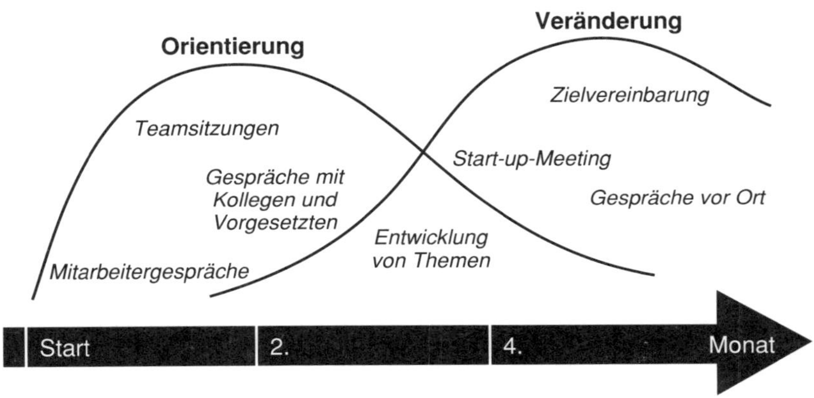

1. Phase	2. Phase	3. Phase
Erwartungen kennenlernen	Fragend anerkennen = Informationen schaffen	Vision kommunizieren
Erste Orientierung in den Sachfragen	Ressourcen stärken	Startschüsse setzen
Orientierung in den Schlüsselbeziehungen	Schlüsselbeziehungen entwickeln	Arbeitsaufgaben verteilen
	Zielelandschaft entwerfen	

Angenommen, Sie kennen nun die Erwartungen, haben wichtige Schlüsselbeziehungen entwickelt, eine Zielelandschaft entworfen und die Mitarbeiter in einer Vielzahl von Gesprächen auf die anstehenden Veränderungen vorbereitet, dann stehen Sie als nächstes vor den Fragen:

- Wie setze ich die Veränderungen wirkungsvoll in Gang?
- Wie erreiche ich möglichst schnell viele Mitarbeiter und damit eine konsequente Umsetzung der neuen Strategie?
- In welchen Schritten gehe ich am besten vor, und welchen Hindernissen werde ich dabei begegnen?

1. Startschüsse

Herr R. hatte vor vier Monaten die Leitung des Vertriebs übernommen. In seiner neuen Position ist zuständig für 80 Außendienstmitarbeiter in vier Regionen. In seinen Gesprächen mit den Mitarbeitern und seinen Führungskräften hat er Schritt für Schritt ein Bild der Ausgangssituation entworfen. Er hat mit Kunden gesprochen und sich über ihre Situation informiert. Immer deutlicher hat sich für ihn in den letzten Wochen seine Zielelandschaft mit drei Schwerpunkten herauskristallisiert:

- *eine stärkere Konzentration auf die wichtigen Zielgruppen*
- *eine Veränderung in der Mitarbeiterführung mit einer konsequenteren Delegation von Verantwortung*
- *ein neues Rollenverständnis seiner Außendienstmitarbeiter mit neuen Vertriebskonzepten*

Diese Ziele galt es wirkungsvoll zu initiieren. Er wollte einen Startschuß setzen und ein Bündel von Maßnahmen auf den Weg bringen. Denn die Zeit war knapp.

Herr R. lud deshalb alle Mitarbeiter zu einer Tagung ein. Vier Wochen vorher war der Termin bekannt. Die knappe Information über das Ziel der Tagung war „Ziele im Vertrieb". Natürlich schürte dies die Neugier und förderte eine Unmenge von Gerüchten. Aber Herr R. hatte gute Vorarbeit geleistet. In den vielen Gesprächen mit den Mitarbeitern hatte er nicht nur durch seine Fragen die verschiedenen Möglichkeiten und Optionen erörtert. Es war ihm auch gelungen, nicht zuletzt durch seine eher unkomplizierte und offene Art, bereits soviel Vertrauen zu schaffen, daß die Mitarbeiter zwar gespannt, aber auch recht optimistisch der Tagung entgegensahen.

Ein Hotel im Schwarzwald war der Ort der Tagung. Beginn 20.00 Uhr. Der neue Leiter war nicht zu sehen. Alle Mitarbeiter wurden vom Service des Ho-

1

Veränderungen brauchen Startschüsse. Sie müssen die Mitarbeiter nicht nur mit guten Argumenten überzeugen, sondern auch emotional ansprechen.

2

Startschüsse brauchen ein Leitthema, das zur Strategie paßt. Dieses Leitthema kann sich darauf konzentrieren,

- **was die Mitarbeiter tun müssen,**
- **welchen Nutzen die Kunden davon haben,**
- **wie die Zukunft aussieht,**
- **welche Veränderungen sichtbar werden.**

3

Startschüssen müssen sofort konkrete Maßnahmen folgen. Sonst verpuffen sie wirkungslos.

Abb. 20: Startschüsse

tels in den großen Saal geleitet. Pünktlich um 20.00 Uhr eröffnete ein Zauberer die Tagung. Er begrüßte die Gäste und zeigte in bestechender Art und Weise, wie man mit „einfachen Mitteln wunderbare Effekte erzielen kann".

Die Zuschauer spendeten nach der etwa halbstündigen Darbietung begeisterten Applaus, als plötzlich der neue Chef auf der Bühne erschien und sein Leitthema vorstellte: „Es geht zwar nicht um Zaubern, aber um fast die glei-

che Wirkung. Auch wir wollen in unseren Verkaufsgesprächen mit wenigen Mitteln unsere Kunden neugierig machen ...“

Im Anschluß an seine Eröffnung, in der er seine Schwerpunkte für das nächste Jahr vorstellte, folgte ein präzise geplanter Reigen von Vorträgen, Diskussionen und Anregungen. Zu jedem der oben genannten Ziele waren Experten angereist, die präzise und überzeugend Konzepte und Schritte vorstellten. Den Abschluß stellte eine Podiumsdiskussion mit einigen Kunden dar, um direkt ihre Einschätzung und Fragen zu hören.

Veränderungen wirkungsvoll initiieren heißt *Startschüsse* setzen. Vor allem dann, wenn es darauf ankommt, möglichst schnell in neues Fahrwasser zu gelangen, ist man gut beraten, die Mitarbeiter nicht nur sachlich, sondern auch *emotional* anzusprechen. Sie müssen spüren, daß man es ernst meint, und eine Ahnung davon erhalten, was sich alles ändern wird. Ob für den Start einer neuen Vertriebsstrategie, den Beginn eines neuen Selbstverständnisses oder die Veränderung des eigenen Führungsverhaltens, immer lohnt es sich, darüber nachzudenken, wie man möglichst erlebnisintensiv einen Anfang setzen kann.

Wichtig ist dann allerdings, daß sofort mit den ersten Maßnahmen begonnen wird. Sonst verpufft dieses Erlebnis sehr schnell oder verkommt zu einem der vielen einmaligen Ereignisse.

2. Wenn ich etwas ändern will, muß ich etwas anders machen

Einer der häufigsten Fehler im Management of Change ist, nicht konsequent genug *„etwas anders zu machen“*. Rudolf Attems, der Leiter des Management-Instituts der Industrie (MDI) in Österreich, nennt dies *„Programme zur Beruhigung des Gewissens“*. Nach dem Motto *„Was bei unserem Wettbewerber funktioniert, muß auch bei uns funktionieren“* werden allzuschnell Ziele, wie z.B. mehr Eigenverantwortung oder Kundenorientierung, verkündet, ohne sich über dem damit verbundenen Anspruch im klaren zu sein.

Die meisten Veränderungen, die heute anstehen, greifen tief in die Einstellungen und Gewohnheiten der Mitarbeiter ein. Sie werden häufig seit vielen Jahren praktiziert und sind nicht einfach korrigierbar. Man muß sich schon die Mühe machen und die Ausgangssituation sorgfältig erkunden. Es gilt nicht nur mögliche Hindernisse zu erkennen, sondern vor allem auch den Ansatzpunkt zu finden, an dem für alle Beteiligten spürbar wird, daß etwas anderes von ihnen gefordert ist. In vielen Fällen muß man stolpern, um ständig daran erinnert zu werden, daß Neues von einem gefordert wird. Wenn Sie z.B. wollen, daß Ihre Mitarbeiter nicht ständig wegen jeder kleinen Entscheidung „zu Ihnen kommen“, dann fällen Sie keine Entscheidungen der Mitarbeiter mehr in Ihrem Büro.

Ein Betriebsleiter, dem im Unterschied zu seinem Vorgänger daran gelegen war, daß seine Führungskräfte mehr Eigenverantwortung übernehmen, wählte diese Strategie. Ab sofort, so seine Erklärung gegenüber den Mitarbeitern, stehe er jederzeit für Beratungen bei schwierigen Entscheidungen zur Verfügung, „aber nicht mehr in seinem Büro“. Jeder Mitarbeiter könne ihn in Zukunft „anfordern“, wenn er den Eindruck habe, daß dies notwendig sei.

Dies veränderte schon nach kurzer Eingewöhnungszeit die Situation. Die Mitarbeiter, die wußten, mit welcher Vielzahl von Themen ihr neuer Chef beschäftigt war, überlegten sich zweimal, ob sie ihn wirklich bitten sollten, zu ihnen zu kommen. Damit reduzierte sich die Häufigkeit der Versuche, Entscheidungen an ihn zu delegieren, in kürzester Zeit fast um die Häfte.

Ein solches Vorgehen, das sich dadurch auszeichnet, die angestrebte Veränderung direkt in einer Veränderung der Alltagsgewohnheiten spürbar zu machen, funktioniert auch in anderen Situationen. Wenn Sie wollen, daß Mitarbeiter miteinander sprechen, setzen Sie sie zusammen. Wenn Sie wollen, daß ein Mitarbeiter besser mit einer anderen Abteilung zusammenarbeitet, geben Sie ihm ein Projekt aus dieser Abteilung. Er hat bestimmt gute Ideen und wird ganz automatisch gezwungen, sich mit den Erwartungen und Zielen der anderen Abteilung auseinanderzusetzen.

Voraussetzung hierfür ist allerdings, daß es Ihnen vorher gelungen ist, die Mitarbeiter von der Notwendigkeit und der Realisierbarkeit Ihrer Ziele zu überzeugen. Sonst werden solche Maßnahmen schnell nur als Schikane erlebt und bleiben ohne Wirkung. Michael Beer, ein amerikanischer Organisationsberater schreibt in einem Artikel, zu der Frage *„Wie Verjüngungskampagnen ein sicherer Erfolg werden“* ganz eindeutig:

Ausgangspunkt jeder wirksamen Veränderungsmaßnahme muß ein gemeinsam erkanntes Problem des Unternehmens sein.

Es gibt aber noch eine Reihe *weiterer Leitlininen*, die Sie beachten sollten, wenn Sie erfolgreiche Veränderungsprozesse in Gang setzen wollen. Sie beruhen fast alle auf der Erkenntnis, daß Veränderungen in Organisationen nicht mit allzu einfachen Regeln aus einem mechanistischen Verständnis des Unternehmens zu bewerkstelligen sind. Die klassische Logik von *Plan – Verkündung – Umsetzung* widerspricht allzustark der Wirklichkeit in Organisationen, die letztendlich durch das Zusammenspiel von Menschen gekennzeichnet ist.

Management of Change ist ein Prozeß, der dem komplexen Zusammenspiel von Personen, Regeln und äußeren Einflüssen auf Unternehmen gerecht werden muß. Hat man eine gemeinsame Sicht der Dinge entwickelt und Ziele gesetzt, so gilt es darauf zu achten, daß die sich daran anschließenden Veränderungsprojekte konsequent verfolgt werden. Man ist dabei gut beraten, sich auf eine überschaubare Anzahl von Maßnahmen zu begrenzen. *„Small wins and large gains“* nennen die Amerikaner diese Strategie, die sich darum bemüht, Ansatzpunkte zu entdecken, die schnelle Erfolge zeigen und dabei wichtige Veränderungen in Gang setzen.

Ein konsequent umgesetztes „Guten Tag, Sie sprechen mit...“ statt des üblichen „Was wünschen Sie...“ führt schneller zum Ziel der Kundenorientierung als viele gute Worte zur Bedeutung der Kunden. In einer der Geschäftsbanken, in der dies konsequent umgesetzt wurde, führte dieses Vorgehen zu einer breiten Diskussion unter den Mitarbeitern zum Thema Service und Veränderungen, die vorher so nicht denkbar erschien.

Die Stragie des „Small wins and large gains“ hat noch einen weiteren positiven Effekt. Sie schafft relativ schnell *Vertrauen in den Veränderungsprozeß,* da dadurch schnelle Erfolge errreichbar sind. Erfolgreiche Führungswechsler achten zusätzlich darauf, daß in der Organisation nie der Blick auf den *kontinuierlichen Veränderungsprozeß* verlorengeht. „Einmal angeschoben, nicht mehr aufzuhalten“ ist ihre Botschaft, die sie für Skeptiker bereithalten. Anders als das übliche „Alles ist möglich“ erlaubt dieses Selbstverständnis aber auch den Umgang mit Hindernissen. Das einzige, woran kein Zweifel besteht, ist die Überzeugung, daß bei den „verfügbaren Ressourcen, die gesetzten Ziele erreicht werden“.

Schritt	Ziel	Methoden
1	Gemeinsame Diagnose der Ausgangssituation	● Gespräche ● Workshops
2	Startschüsse	● Start-up-Meeting
3	Realisierung	● Konzentration auf zwei bis drei Schwerpunkte ● Vereinbarung über Ziele und erste Schritte
4	Entwicklung von Vertrauen in den Veränderungsprozeß	● Etablierung von Verantwortung durch Einsetzen einer Lenkungsgruppe ● Schaffung interner Kommunikation über den Stand der Veränderung
5	Selbststeuerung durch Feedback	● Etablierung von Rückmeldeschleifen ● Kontrolle der Fortschritte und Korrekturen

Abb. 21: 5 Schritte im Management der Veränderung

Rückmeldeschleifen als fünfter und letzter Punkt moderner Veränderungskonzepte sind dafür notwendig, um die nötigen Selbststeuerungsprozesse in Gang zu setzen. Eine Abteilung, die damit beginnt, eine stärkere Teamarbeit zu etablieren, sollte früh damit anfangen, sich gezielte Rückmeldungen zu verschaffen. So sollte man prüfen, wann und mit welcher Effektivität Problemlösungen im Team entwickelt und umgesetzt werden. Nur so sind die notwendigen Anpassungen möglich, die immer nötig sind, um ein gesetztes Ziel zu erreichen.

3. Timing im Führungswechsel

Eine der am meisten gestellten Fragen in unseren Seminaren und Beratungen ist: *„Wann soll man mit den Veränderungen starten?"* Während die einen sich schnell unter Zeitdruck bringen lassen, zögern die anderen, da sie den Eindruck haben, noch nicht genug zu wissen. Ohne daß sie sich dessen bewußt sind, sorgen sie damit für eine höhere Erwartungshaltung.

Der richtige Zeitpunkt für den Start der Veränderungen ist eine entscheidende Frage für die Gestaltung eines erfolgreichen Führungswechsels. Dabei ist das Kriterium zunächst weniger die Zeit als die Vorbereitung der Organisation. Sie sollten mit Veränderungsmaßnahmen erst starten, wenn

- ❑ Sie in Gesprächen und Meetings die Mitarbeiter auf die anstehenden Veränderungen eingestimmt haben,
- ❑ wichtige Schlüsselbeziehungen, die Sie für einen erfolgreichen Veränderungsprozeß benötigen, zumindest im Ansatz entwickelt sind,
- ❑ ein klares Konzept für die ersten Schritte steht.

Nach unserer Erfahrung ist dies je nach Größe der Aufgabe und der anstehenden Veränderungen nach ca. zwei bis vier Monaten der Fall. Der Externe braucht hier meist etwas länger. Weniger, weil er nicht schnell genug den nötigen Kenntnisstand entwickeln kann, sondern eher deshalb, weil er zunächst das notwendige Beziehungsnetzwerk entwickeln muß. Am stürmischsten sind meist die Insider, die schon mit fertigen Konzepten antreten und dabei leicht vergessen, daß sie zunächst ihren Erkenntnisstand zu kommunizieren haben.

Zu früh	Zu spät
• Sie wissen zuwenig über die Organisation, ihre Themen und Regeln. • Sie können zuwenig zwischen Wichtigem und Unwichtigem unterscheiden. • Sie wissen zuwenig über die wichtige Ebene der Politik im Unternehmen. • Sie verfügen nicht über ein ausreichendes Beziehungsnetzwerk zur Realisation Ihrer Veränderungen.	• Sie erhöhen zwangsläufig die Erwartungen und haben dann mit einer geringeren Toleranz für Schwierigkeiten zu rechnen. • Sie verschenken den Anfangsdrive. • Sie verlieren zunehmend die Erlaubnis, Gewohnheiten als Neuer in Frage zu stellen. • Sie verlieren selbst die Distanz und werden weniger mutig.

Abb. 22: Zeitpunkte im Führungswechsel

Die Zeit ist erst das zweite Kriterium. Zweifellos muß man berücksichtigen, daß es im Führungswechsel ein Zeitfenster gibt, in dem die Mitarbeiter sehen wollen, was sich nun ändern wird. Die berühmten 100 Tage sind nicht nur ein verbreitetes Bild, sondern auch Ausdruck einer weit verbreiteten Erwartungshaltung. Überschreitet ein neuer Chef ohne sichtbare Gründe diesen Zeitraum, muß er wissen, daß er sich dadurch eine Reihe von Nachteilen einhandelt:

❑ *Die Erwartungen steigen.*

„Wenn es schon so lange dauert, bis wir wissen, wo es langgeht, dann muß es schon etwas ganz Besonderes sein."

❑ Sie verschenken den *Anfangsdrive.*

Der Spannungsbogen läßt sich nur eine bestimmte Zeit halten. Da er eng mit dem subjektiven Zeitfenster zusammenhängt, lehnen sich Mitarbeiter meist nach drei bis vier Monaten erkennbar zurück.

❑ *Sie verlieren zunehmend die Chance des Neuen, Gewohnheiten und Traditionen auf einfache Art und Weise zu hinterfragen.*

Je länger Sie dabei sind, um so mehr ist das, was Sie vorgefunden haben, auch Ihre Sache. Die Mitarbeiter verstehen immer weniger, warum Sie sie plötzlich in Frage stellen.

❑ *Sie werden selbst immer mehr Teil des Systems und verlieren Ihre kritische Distanz.*

Verändern heißt meist, Gewohntes in Frage stellen. Je mehr Argumente Sie kennen, um so weniger haben Sie den Optimismus, diese Veränderung anzupacken.

Timing verlangt aber auch die Reihenfolge der einzelnen Schritte zu beachten. Sie müssen entscheiden, wieviel Sie gleichzeitig angehen wollen und können. Das entscheidende Kriterium in diesem Punkt ist die verfügbare *Managementkapazität.* Immer wieder erleben wir in unseren Beratungen den Fehler, daß viele gute Ideen gleichzeitig gestartet werden, ohne sich dabei klarzumachen, daß diese auch umgesetzt werden wollen.

Maß-nahmen	Geschäfts-leitung	Bereichs-leitung	Haupt abteilung	Abteilung	Team	Kunde
1						
2						
3						
4						
5						

Aufgaben: Richtung weisen • Initiieren • Gestalten • Implementieren • Umsetzung • Verarbeiten
Verantwortung: Kennzeichnen Sie mit einem **✘** den Ort der Verantwortung für die erfolgreiche Umsetzung

Abb. 23: Maßnahmen und ihre Wirkung – eine Umsetzungsmatrix

Grenzen liegen dabei sowohl in Ihrer Fähigkeit, verschiedene Projekte gleichzeitig und konsequent zu verfolgen, als auch in den Möglichkeiten Ihrer Mitarbeiter. Eine einfache Matrix (s. Abb. 23), die Sie gemeinsam mit ihrem Team ausfüllen können, soll Sie davor bewahren, daß Ihre positiven Ansätze schlicht an einer Überlastung scheitern. Notieren Sie einfach in der linken Spalte alle Maßnahmen, die Sie derzeit in Erwägung ziehen, und legen Sie in der Horizontalen fest, wer davon alles betroffen sein wird. Wenn Sie dann Schritt für Schritt, möglicherweise gemeinsam mit Ihrem Team, überlegen und festlegen, wer was initiiert, verfolgt, beobachtet und umsetzt, dann werden Sie schnell einen Überblick über die Gesamtbelastung haben.

4. Einige Klippen im Management der Veränderung

Eines ist sicher: kein Veränderungsprozeß ohne Hindernisse. Skepsis der Mitarbeiter, ob die gewählte Strategie tatsächlich zum Erfolg führt, unerwartete Ertragseinbrüche oder die langwierige Abstimmung mit plötzlich auf dem Plan erschienenen internen Verhandlungspartnern können zu erheblichen Verzögerungen im Veränderungsprozeß führen.

Die Kunst erfolgreicher Führungswechsler besteht darin, den Veränderungsprozeß trotzdem in Gang zu halten. Sie erreichen dies dadurch, daß sie, wie bereits beschrieben, konsequent alle Anzeichen für ein Voranschreiten der Veränderung kommunizieren und mit den Hindernissen konstruktiv umgehen.

Die meisten Probleme im Management of Change sind aber selbstgemacht:

- ❑ Ein *Start ohne ausreichende Vorarbeit* ist einer der häufigsten Fehler. Noch immer gibt es viele Führungskräfte, die glauben, Management bestünde in der intellektuellen Leistung, ein schlüssiges Konzept zu entwerfen. *Management ist Kommunikation,* und dies gilt in Führungswechselsituationen in besonderem Maße. Die Mitarbeiter wollen geschickt vorbereitet werden auf den anstehenden Wandel, wie wir in Baustein 5 ausführlich beschrieben haben.
- ❑ Der zweithäufigste Fehler ist eine *diffusse Zielsetzung.* Mehr Kundenorientierung oder ein höheres Maß an Flexibilität und Innovationsbereitschaft sind zwar schöne Schlagworte, aber keine Hilfe für konkrete Veränderungen.

- Der dritte Fehler ist ein *unrealistischer Zeitplan.* Viele Führungskräfte unterschätzen noch immer die Zeit, die viele Veränderungen benötigen. Ein neues Selbstverständnis im Umgang mit dem Kunden ist ein Einjahresziel, genauso wie die so oft als Ziel genannte „Entwicklung von mehr Teamgeist".

  Einem erfahrenen Führungswechsel-Manager bin ich bisher begegnet, der bei der gemeinsamen Überlegung, ob es nicht sinnvoll wäre, eine neue Organsiationsstruktur zu schaffen, zu bedenken gab, daß nach seiner Erfahrung ein Unternehmen ca. *zwei Jahre* braucht, um einen solchen Schritt einigermaßen zu verdauen.
- Den vierten Fehler haben wir bereits verschiedentlich erwähnt. Veränderungsmanager, die Hindernisse als *Störungen oder gar Ärgernis* erleben und nicht als Hinweis auf mögliche Risiken bzw. Anregungen, schaffen sich unnötige Probleme.
- Der fünfte, im Verlauf des Veränderungsmanagements oft entscheidende Fehler ist eine *ungenügende Informationspolitik.* Häufig wird nur über Ergebnisse berichtet, so daß zwischen diesen Zeitpunkten eine Unmenge Raum für nicht immer konstruktive Gerüchte ist.

Liste 11: Veränderungen wirkungsvoll initiieren

1. *Sind die Mitarbeiter auf die Veränderungen eingestimmt ?* *ja* *nein*
   Was muß ich noch tun?

   ____

   ____

   ____

2. *Gibt es gemeinsam diagnostizierte Probleme?* *ja* *nein*
   Was muß ich noch tun?

   ____

   ____

   ____

3. *In welchem Zeitrahmen befinde ich mich aus der Perspektive der Mitarbeiter?*

   zu früh ______________ *in der Zeit* ______________ *zu spät*

4. *Mit welchem Leitthema kann ich einen Startschuß setzen?*

   ____

   ____

   ____

5. Wen muß ich bei einem Startschuß miteinbeziehen?

1	________________	5	________________
2	________________	6	________________
3	________________	7	________________
4	________________	8	________________

6. Kenne ich die Maßnahmen, die nach dem Startschuß sofort ergriffen werden? *ja* *nein*
Was muß ich noch tun?

____

____

7. Reicht die vorhandene Managementkapazität? *ja* *nein*
Was kann ich zurückstellen?

____

____

____

8. Wer übernimmt die Verantwortung für den kontinuierlichen Veränderungsprozeß?

Maßnahme 1: ______________________________

Maßnahme 2: ______________________________

Maßnahme 3: ______________________________

9. *Wie sorge ich für Rückmeldung über den Verlauf und die Ergebnisse der Veränderungsmaßnahmen?*

1 ______________________________

2 ______________________________

3 ______________________________

10. *Wer übernimmt die Verantwortung für den kontinuierlichen Veränderungsprozeß?*

Zeitpunkt 1: ______________________________

Zeitpunkt 2: ______________________________

Memo:
Zusammenfassung zu Baustein 6

1. Der Ausgangspunkt für Veränderungen muß ein gemeinsam erkanntes Problem sein.

2. Die Organisation muß auf Veränderungen eingestimmt sein.

3. Strategie: „Small wins and large gains.“

4. An mehreren Schwerpunkten ansetzen.

5. Managementkapazität prüfen.

6. Für kontinuierlichen Fortschritt sorgen.

Einige sichere Fehler

Ein relativ sicherer Weg in Schwierigkeiten ist:

- **Kaltstart**
- **Zu viele Dinge gleichzeitig beginnen**
- **Alles planen und kontrollieren wollen**
- **Gegen Hindernisse kämpfen**

Baustein 7
Symbole und Rituale nutzen

Der neue Vorstandsvorsitzende B. ist seit zwei Wochen im Amt. Sein Vorgänger, der fast zehn Jahre lang den Konzern erfolgreich führte, war in den Aufsichtsrat gewechselt. B. schätzte ihn, denn er hatte als Leiter einer wichtigen ausländischen Tochter erfolgreich mit ihm zusammengearbeitet, obwohl sie sehr unterschiedlich waren. Sein Vorgänger war ein eher zurückhaltender, kunstliebender und visionärer Mann. Er hatte den Konzern mit seinem Weitblick in neue Geschäftsfelder geführt. B. war extrovertiert, jemand, der das Geschäft spüren muß und einen ungebrochenen Willen zur Umsetzung entwickeln kann. In den letzten drei Jahren hatte er die ausländische Tochter

nicht nur näher an den Konzern herangebracht, sondern auch durch eine schwierige Strukturveränderung geführt.

B. begann zurückhaltend. Er zog zunächst in das Zimmer seines Vorgängers, ohne viel zu verändern. Er führte Gespräche, informierte sich über die Regeln der Meetings in der Konzernspitze. Er fragte, warum jener Tagesordnungspunkt nicht hier, sondern an anderer Stelle behandelt wird und warum es so viele Einzelgespräche gibt.

In der vierten Woche, er war zwischenzeitlich auf einer Reihe von externen Meetings gewesen, und die Mitarbeiter begannen sich bereits zu fragen, was er wohl ändern würde, kam er eines Morgens ins Büro und bat zwei Mitarbeiter, die Räumlichkeiten mit ihm zu besichtigen. Er betrachtete sich in Ruhe die Bilder im Flur, in den Sitzungszimmern und überlegte mit seinen Mitarbeitern Veränderungen. Er vergab Aufträge. Der Sitzungsraum beschäftigte ihn am meisten. Der Tisch war ihm zu lang, denn er wußte, daß für ihn dies der wichtigste Ort seiner Entscheidungen sein würde. Im Unterschied zu seinem Vorgänger würde er viel stärker im Team arbeiten, denn nur so konnte er die notwendige Verantwortung etablieren, die er benötigte, um die anstehenden Strukturveränderungen zu bewältigen. In seinem Arbeitszimmer wies er deshalb ebenfalls an, einen neuen Tisch aufzustellen und ersetzte damit die klassische Empfangsecke. Freundlich, unkompliziert und nicht zu teuer sollte die Möblierung sein, so zumindest sein Auftrag an seine Mitarbeiter.

Symbolic Language ist eine mächtige Sprache. Alle erfolgreichen Manager der Welt beherrschen sie. Sie nutzen die Möglichkeit, mit Symbolen und Ritualen ihren Worten Gewicht zu verleihen. Sie achten auf den Ablauf ihrer Konferenzen, sorgen für feste Rituale, wenn es um die Zugehörigkeit zum Unternehmen geht und feiern ihre Verkäufer mit ritualisierten Jahresveranstaltungen. Auch die Durchführung von Assessment-Center oder die Einbeziehung externer Unternehmensberater haben neben ihrem sachlichen Anteil eine starke symbolische Bedeutung, die durch typische Rituale noch unterstrichen wird.

1. Die Bedeutung von Symbolen und Ritualen im Führungswechsel

Führungswechsel als eine Situation, in der es darauf ankommt, in relativ kurzer Zeit mit einer meist großen Zahl von Mitarbeitern in Kontakt zu kommen, ist ebenfalls ein Feld, in dem es sinnvoll ist, die Sprache der Symbole und Rituale zu nutzen.

Die erste Botschaft, um die es im Führungswechsel geht, ist die *Dokumentation der eigenen Anwesenheit.* Wenn man die oben geschilderte Geschichte noch einmal Revue passieren läßt, so ist sie eine geschickte Inszenierung dieser Botschaft. Die anfängliche Zurückhaltung des neuen Vorstandes war notwendig. Ein Vorgänger, der so lange erfolgreich führte, kann nicht sofort „demontiert“ werden. Er muß noch eine Zeitlang in „den Räumen verweilen“, damit die Mitarbeiter Zeit haben, sich zu verabschieden und sich auf einen neuen Chef einzustellen.

Nach einem respektvollen Umgang mit den Symbolen und Ritualen des Vorgängers kommt es dann aber darauf an, unmißverständlich deutlich zu machen, daß man „da ist“. Es gilt zu zeigen, daß eine neue Ära begonnen hat, die sich, wie immer, wenn es sich um starke Persönlichkeiten handelt, von der Zeit des Vorgängers unterscheidet. Natürlich kann man dies mit Worten sagen, aber besser noch unterstreicht man dies mit Zeichen. Das „Umhängen von Bildern“ ist ein leicht zu erkennendes Zeichen. Die Beratung mit den Mitarbeitern ist ein Fingerzeig auf den zukünftigen Führungsstil.

Bei der Übernahme eines Familienbetriebes mit 1000 Mitarbeitern, der nach zwanzigjähriger Leitung durch ein Gründerehepaar von einem ausländischen Konzern übernommen wurde, erlebten wir, was passiert, wenn unsensible Manager nicht auf den symbolischen Ausdruck ihres Handelns achten. Sie veränderten bereits nach wenigen Tagen die Räumlichkeiten, die Struktur der Meetings, das Berichtswesen und vieles mehr. Es schien ihnen sachlich notwendig, das Unternehmen schnell an die Gepflogenheiten im eigenen Konzern heranzuführen. Drei der wichtigsten Führungskräfte verließen zu ihrer Überraschung sehr schnell das Unternehmen. Sie fanden das Vorgehen „bezeichnend für das neue Unternehmen“ und verzichteten auf eine weitere Prüfung der Zusammenarbeit. Die neuen Manager, die von dieser Entscheidung überrascht wurden, hatten, ohne es zu wissen, der Befürchtung vieler Mitarbeiter und Führungskräfte Recht gegeben, daß wenig Rücksicht auf die bewährten Strukturen genommen wird. Sie handelten sich so in kürzester Zeit unnötig viel Skepsis und Widerstand ein.

Es wird an dieser Stelle schon deutlich, daß man der Macht der Symbole und Rituale nicht auf die Spur kommt, wenn man sie isoliert betrachtet. Alle populärwissenschaftlichen Bücher, die einzelne Elemente herausgreifen und beschreiben, so daß man meinen könnte, man braucht nur ein paar Pinnwände im Zimmer aufzustellen und schon habe man ein Symbol für einen neuen Führungsstil gefunden, greifen zu kurz.

Symbolisches Management ist die geschickte und konsequente Kombination von Symbolen und Ritualen zu einer überzeugenden Botschaft. Das Problem ist häufig, daß viele Führungskräfte viel zuwenig gelernt haben, ihr eigenes Handeln auf seine impliziten Botschaften zu hinterfragen. So wunderte sich ein neuer Personalleiter über die mehr als reservierte Reaktion auf seine bereits nach wenigen Wochen verkündete Botschaft „Wir müssen den Nachwuchs fördern". Es war ihm überhaupt nicht bewußt, daß er mit dieser fast selbstverständlichen Mitteilung zu dem von ihm gewählten frühen Zeitpunkt Irritationen auslösen mußte. Er war für die Mitarbeiter überhaupt noch nicht einschätzbar, so daß sich eine Menge älterer Mitarbeiter fragten, „was sie wohl in Zukunft noch wert seien".

Verhalten hat mehr oder weniger ausgeprägt einen sachlichen und einen symbolischen Anteil. So hat z. B. die Veränderung von Tagesordnungen meist einen praktischen Hintergrund. Sie ist aber immer auch eine Botschaft über die Absichten des Neuen, vor allem dann, wenn sie konsequent und in sich schlüssig stattfindet. Eröffne ich Teamtagungen regelmäßig mit einem Bericht der Mitarbeiter über zufriedene Kunden anstatt den üblichen Berichten über wichtige Beschlüsse der Leitungsgremien, so ist dies wesentlich mehr als eine sachliche Umstrukturierung. Gelingt es dem Neuen dann noch, sich auch über die Versuche, die gewohnte Reihenfolge der Tops wiederherzustellen, hinwegzusetzen, wird es den Mitarbeitern deutlich, daß für ihn andere Prioritäten gelten.

Gerade zu Beginn einer neuen Aufgabe ist der Symbolgehalt von Handlungen hoch. Die Mitarbeiter wissen noch wenig über die Werte und das Selbstverständnis des Neuen, so daß jede einzelne Handlung viele Deutungen erfährt. Gelingt es Führungskräften, diesen symbolischen Aspekt des eigenen Handelns von Anfang an stärker ins Kalkül zu ziehen, so vermeiden sie nicht nur unnötigen Widerstand und Skepsis. Sie können dann auch die Sprache der Symbole und Rituale gezielt nutzen, um die eigenen Botschaf-

1 Symbole und Rituale sind eine mächtige und schnelle Sprache im Unternehmen.

2 Jedes Verhalten hat zwei Aspekte: einen fachlichen und einen symbolischen

3 Der Symbolgehalt von Handlungen ist besonders hoch, wenn man von dem anderen wenig weiß.

4 Symbolic Language eignet sich im besonderen Maße für:
a) die Vermittlung von Grundwerten,
b) die Gestaltung von Übergängen und
c) die Initiierung von Veränderungen.

Abb. 24: Symbolic Language – eine mächtige Sprache

ten und Absichten zu unterstreichen. Schließlich haben Symbole und Rituale die faszinierende Eigenschaft, auf eine viel umfassendere, weil emotionale Art und Weise den Menschen anzusprechen. Sie eignen sich damit ideal, um Grundwerte zu vermitteln, die eigene Position zu bestimmen und Wandel zu initiieren.

Im Führungswechsel gibt es eine ganze Reihe von Situationen, in denen es sinnvoll erscheint, sich der Sprache der Symbole zu bedienen:

- Zur Dokumentation der eigenen Anwesenheit und der Beziehung zum Vorgänger
- Zur Beschreibung der eigenen Gewohnheiten sowie zur Entwicklung der Vorstellungen über Zusammenarbeit
- Zur Vermittlung von Sicherheit und Akzeptanz
- Zur Entwicklung einer neuen Botschaft
- Zur Erleichterung des Übergangs in ein neues Selbstverständnis

2. Rituale des Übergangs und der Veränderung

Die Frage, die Mitarbeiter im Führungswechsel zwangsläufig beschäftigt, ist die Frage nach den Veränderungen. Aus ihrer Perspektive stellt ein Führungswechsel schließlich den *Übergang* von einer gewohnten Beziehung zu einer neuen, noch unbekannten Beziehung zum Vorgesetzten dar. Wer ist er? Welches sind seine zentralen Werte, und welche Schwerpunkte setzt er in seiner Arbeit? Wie stellt er sich die Zusammenarbeit mit seinen Mitarbeitern vor, und welchen Führungsstil bevorzugt er?

Nur zu gut erinnerte man sich in einem mittelständischen Unternehmen der Werkzeugmaschinenbranche noch an das morgendliche Ritual des ehemaligen Chefs, der jeden Morgen bereits um 7.00 Uhr im Büro erschien und sich dann erst zurückzog. Er studierte die wichtigen Informationen, die zu diesem Zeitpunkt bereits auf seinem Schreibtisch zu liegen hatten. Pünktlich um 9.00 Uhr startete er dann bestens informiert und gut aufgeräumt seine morgendliche Besprechung, um sich mit seinen engsten Mitarbeitern abzustimmen. Pünktlich nach einer halben Stunde war dieses Treffen zu Ende, das durch seine Sachlichkeit und absolute Zuverlässigkeit lebte.

Wird der Neue es genauso machen, oder wird er, wie ein früherer Chef, zuerst das Gespräch mit einzelnen Mitarbeitern suchen?

In dieser Phase werden selbst kleinste Veränderungen registriert. Ist der Neue zuviel in der Zentrale, fragt man sich sofort, ob er überhaupt Verständnis für seine neue Außendiensttätigkeit aufbringen kann. Kommt er aus einer konkurrierenden Abteilung, wacht man präzise über alle Gewohn-

Botschaft	Verhalten
Unbürokratisch	• Handschriftliche Notizen • Ansprechen von Mitarbeitern am Arbeitsplatz
Offen	• Telefon immer wieder selbst abnehmen • Schnelle Beantwortung von Anfragen
Mitarbeiter sind die wichtigste Kraft im Unternehmen	• Mitarbeiter mit Namen grüßen • Selbst Hand anlegen, z.B. bei gemeinsamen Tagungen • Büro der Mitarbeiter ausstatten
Team ist wichtig	• Meetings, in denen die Mitarbeiter die Gestaltung übernehmen • Anschlüsse, Erfahrungen gemeinsam feiern • Ergebnisse im Team offen austauschen
Flexibilität	• Veränderungen von Sitzordnungen, Wechsel in Lösungsstrategien • Arbeitsabläufe routinemäßig in Frage stellen

Abb. 25: Symbolisches Handeln im Unternehmen

heiten, die dort ihre Wurzeln haben könnten. Hört er bei seinen ersten Kundenbesuchen nur auf die Klagen, so befürchtet man, daß er einseitig Position beziehen könnte. Läßt er die Mitarbeiter zum Gespräch kommen, wird schnell auf klassische Hierarchievorstellungen geschlossen. Louis R. Hughes, der antrat, um Opel eine neue teamorientierte Führungskultur zu verpassen, schloß in einer seiner ersten Aktionen das Kasino für die leitenden Angestellten, was eine ungeheure Aufmerksamkeit erfuhr. „Es paßt nicht mehr in unsere Zeit“ war sein lakonischer Kommentar, wenn man ihn darauf ansprach.

Hier wird ein *zweiter* Leitsatz symbolischen Managements sichtbar. Häufig geht es gar nicht darum, neue Symbole und Rituale zu entwerfen, sondern nur die eigenen Gewohnheiten zu hinterfragen und zielgerichtet zu verändern. Wer *Offenheit* will, sollte seine Informationsgewohnheiten unter die Lupe nehmen. Wer *Eigenverantwortung* schätzt, sollte seine Mitarbeiter konsequent zuerst nach ihrer Meinung fragen, bevor er seine Antworten gibt. Wer die Absicht hat, Flexibilität zu fördern, sollte darauf achten, in seinen eigenen Gewohnheiten flexibel zu sein. Wer die Kunden schätzt, sollte einen monatlichen Jour fixe mit Kunden einrichten und darauf achten, daß das Gespräch über Kunden zu einem festen Ritual der Meetings wird.

Nehmen Sie sich deshalb etwas Zeit und beantworten Sie zu Ihrer eigenen Vorbereitung folgende Fragen:

Liste 12: Rituale entwerfen

1. Wie sehe ich die Beziehung zwischen Mitarbeitern und Vorgesetzten, d.h. zwischen oben und unten?

2. Welche Formen der Entscheidungsvorbereitung bevorzuge ich?

3. Wie fallen bei mir Entscheidungen?

4. Wie soll nach meinen Vorstellungen miteinander umgegangen werden?

5. *Welches sind für mich wichtige Werte im Unternehmen?*

____

____

____

6. *Welche Haltung erwarte ich von meinen Mitarbeitern?*

____

____

____

Wenn Sie diese Fragen beantwortet haben, sollten Sie noch einmal einen zweiten Durchlauf machen und sich überlegen, wie Sie Ihre Aussage jeweils unterstützen können. Wenn Sie z.B. offen sein wollen, dann überlegen Sie sich, wie Sie dieses unterstreichen können. Prüfen Sie, wie Ihr Sekretariat mit Anfragen umgeht, wann Sie sich Zeit nehmen für Ihre Mitarbeiter und wann Sie auf diese zugehen. Erst wenn Sie tun, was Sie sagen, wird es Ihnen gelingen, schnell Glaubwürdigkeit zu entwickeln. Denn Glaubwürdigkeit ist schließlich nichts anderes als die Übereinstimmung von Wort und Tat.

Ich werde folgende Rituale einführen und auf ihre konsequente Einhaltung achten:

1. Thema: ______________________________

Ritual: ______________________________

2. Thema: ______________________________

Ritual: ______________________________

3. Thema: ______________________________

Ritual: ______________________________

3. Thema: ______________________________

Ritual: ______________________________

4. Thema: ______________________________

Ritual: ______________________________

3. Symbole und Rituale eines neuen Selbstverständnisses

Symbolisches Handeln eignet sich nicht nur für die Gestaltung des Übergangs, sondern auch für die Entwicklung eines neuen Selbstverständnisses. Wir haben bereits beschrieben, daß dann, wenn Sie Ihre Zielelandschaft entworfen haben und es darauf ankommt, Ihre Mitarbeiter engagiert für Ihre Ziele zu gewinnen, *Startschüsse* eine äußerst wirksame Unterstützung darstellen. Gut inszenierte Start-up-Meetings mit einem zur Vision passenden Leitthema informieren nicht nur über die Ziele und das, was es zu tun gibt. Sie setzen auch für alle sichtbar und emotional ansprechend einen Anfang.

Vor allem dann, wenn man tief in die bisherigen Gewohnheiten der Mitarbeiter eingreift, ist es hilfreich, über eine Unterstützung der angestrebten Veränderungen durch ritualisierte Handlungsweisen nachzudenken. Sie schaffen Sicherheit und weisen den Weg für das neue Verhalten.

Das bereits an anderer Stelle erwähnte „Guten Tag, Sie sprechen mit Frau Müller, was kann ich für Sie tun?“ ist ein solches Ritual. Wenn es für die Mitarbeiter nachvollziehbar in ein neues Selbstverständnis eingebettet ist, unterstützt es in hohem Maße die Etablierung neuer Verhaltensweisen. Es reduziert die Unsicherheiten in der Ausführung und gibt den zurückhaltenden Mitarbeitern eine Möglichkeit der Veränderung. Auch die neu eingeführte ritualisierte Einschätzung des Kommunikationsklimas zum Abschluß der regelmäßigen Abteilungsbesprechungen sind eine solche Unterstützung. Sie installieren konsequent die Pfeiler einer neuen Beziehung bzw. einer neuen Umgangsform und geben damit sicheren Halt. Sie schaffen zusätzlich die Erlaubnis, Dinge zu sagen, die bisher nicht gesagt wurden.

Wichtig ist allerdings, und dies ist der *dritte* Leitsatz symbolischen Managements, daß alle Beteiligten das Ritual mit Sinn füllen. Nur wenn es gelungen ist, den Zusammenhang zwischen Ritual und übergreifendem Ziel für alle verständlich aufzuzeigen, entfaltet das Ritual seine Wirkung. Die oft skeptische Haltung gegenüber Symbolen und Ritualen kommt von der gerade in Unternehmen relativ großen Zahl von sinnentleerten Abläufen. Listen, die nicht mehr gebraucht werden, Sitzordnungen in Konferenzen, Verteiler auf den Einladungen zu Tagungen, Eröffnungsreden und Geburtstagsfeiern sind alles typische Beispiele für tote Rituale. Es gibt kaum einen Ort, in dem Rituale so schnell an Bedeutung verlieren wie in den sich schnell verändernden Unternehmen.

Liste 13: Rituale nutzen

1. Welche angestrebten Veränderungen werden den Mitarbeitern schwerfallen bzw. mit bisherigen Gewohnheiten kollidieren?

2. Mit welchen standardisierten Verhaltensabläufen läßt sich ein gutes Gerüst für die angestrebten Veränderungen installieren?

3. Wie kann ich den Zusammenhang zwischen meiner Vision und den Ritualen deutlich machen?

4. Welche bisherigen Rituale werden mit meinen Absichten kollidieren und müßten verändert werden?

Memo:
Zusammenfassung zu Baustein 7

1. Symbole und Rituale schaffen Glaubwürdigkeit, unterstreichen wichtige Botschaften und unterstützen den Prozeß der Veränderung.

2. Je weniger der andere von mir weiß, desto höher ist der Symbolgehalt meiner Handlungen.

3. Symbole und Rituale dürfen nicht isoliert betrachtet werden, sondern verlangen eine geschickte Kombination.

4. Häufig geht es nicht darum, neue Symbole und Rituale zu entwerfen, sondern nur die eigenen Gewohnheiten zu hinterfragen.

5. Symbole und Rituale sind nur wirksam, wenn sie im Gesamtzusammenhang eingebettet sind. Dieser Sinn ist ständig in Gefahr verlorenzugehen.

Einige sichere Fehler

Ein relativ sicherer Weg in Schwierigkeiten ist:

- **Nehmen Sie einige Symbole und Rituale, die Sie in anderen Unternehmen gesehen haben, und übertragen Sie sie, ohne die Mitarbeiter einzustimmen.**
- **Widersprechen Sie Ihren Worten mit Ihren Handlungen.**
- **Sprechen Sie von Flexibilität.**

Teil II
Die Dynamik im Führungswechsel

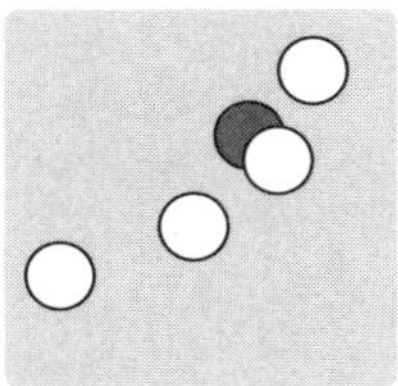

Situation 1
Der Aufsteiger aus den eigenen Reihen

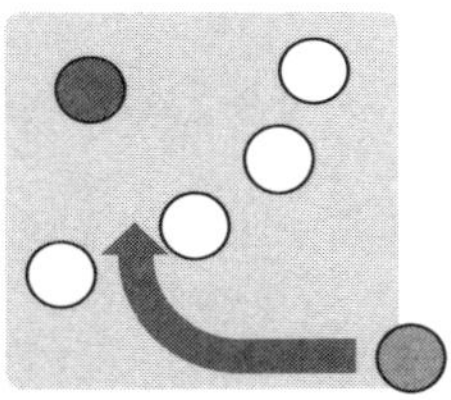

Situation 2
Der Seiteneinsteiger im Großunternehmen

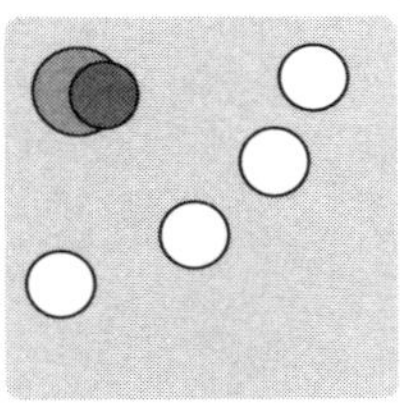

Situation 3
Der große Vorgänger und der kleine Nachfolger

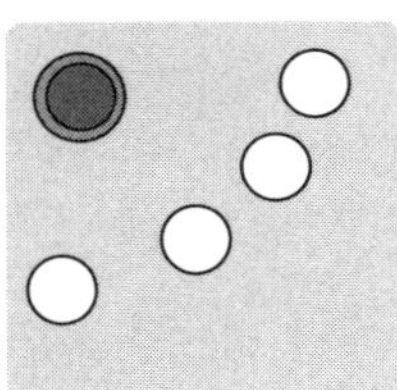

Situation 4
Der junge High-Potential

Situation 5
Der Führungswechsel im Turnaround

Situation 1
Der Aufsteiger aus den eigenen Reihen

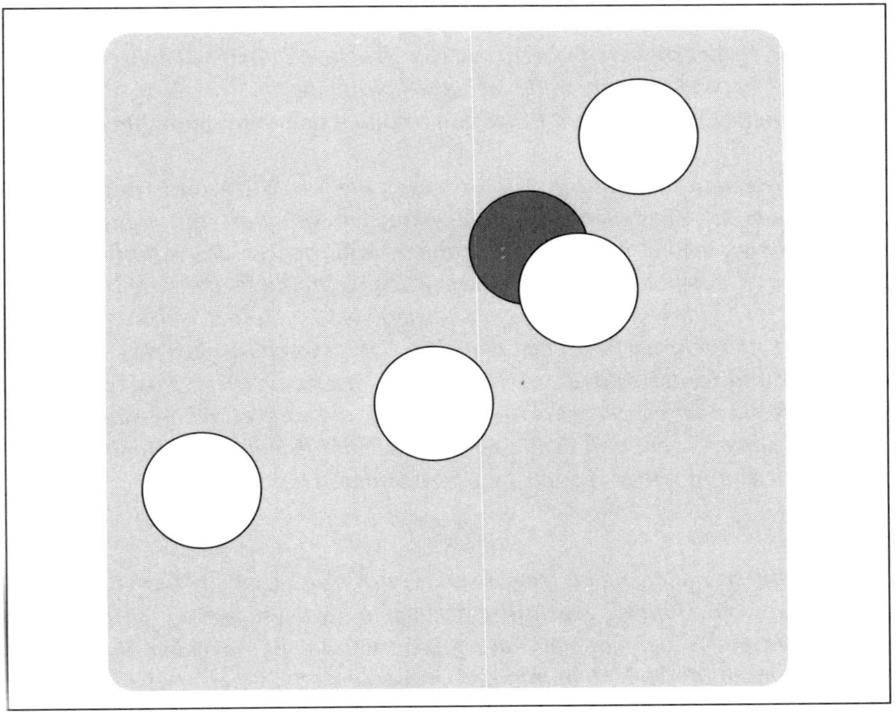

Herr K. ist Ende vierzig, von Hause aus Maschinenbauingenieur und einer jener gutbezahlten Spezialisten, die für ein großes Handelshaus wertvolle Maschinen betreuen. Seit zwanzig Jahren ist er bei seinem Unternehmen im Außendienst als technischer Berater tätig. Er kennt sein Gebiet und seine Kunden. Seit vielen Jahren arbeitet er mit sechs weiteren Kollegen in einer Region zusammen.

Ende 1991 kamen die ersten Gerüchte auf. Eine Strukturänderung stand ins Haus, denn das Geschäft benötigte neue Impulse. Man diskutierte über neue Strategien und Beratungskonzepte, in die der Verkauf in Zukunft stärker inte-

griert sein sollte. Eine Entwicklung, die sich in vielen Unternehmen vollzieht und den gestandenen Mitarbeitern einiges abverlangt. Die Überraschung wurde noch größer, als Anfang 1992 die neue Strategie verkündet wurde. Im Unterschied zur bisherigen Organisation sollte die neue Struktur mit einer Dezentralisierung verbunden werden. Die einzelnen Regionen sollten als Profit-Center geführt werden, für die je ein Mitarbeiter verantwortlich zeichnen sollte. Alle Kollegen waren überrascht. Sie arbeiteten doch seit Jahren gut zusammen. Wie und warum sollte sich dies plötzlich ändern? Vor allem, wer sollte der neue Chef werden ? Einer von draußen oder einer von ihnen ?

So entschied man sich zunächst dafür, gegen die Strukurveränderung zu sein. Man betonte die Zufriedenheit mit der aktuellen Situation und argumentierte mit der Schwierigkeit, bei so hochbezahlten Mitarbeitern und so differenziertem Geschäft einen Leiter zu bestimmen. Einzelne meldeten bereits an, daß sie dann, wenn das neue Konzept realisiert werden sollte, sich nach einem anderen Unternehmen umsehen würden. Der Geschäftsbereichsleiter aber blieb hart und forderte dazu auf, sich auf die neu geschaffene Position zu bewerben. Keiner tat es. So sprach er Herrn K. an, und es gelang ihm, diesen davon zu überzeugen, daß es für seine berufliche Entwicklung doch sinnvoll wäre, die Leitung seiner Region zu übernehmen. Herr K. stimmte schließlich zu.

Seine Kollegen hatten nichts gegen ihn. Ganz im Gegenteil, sie wußten von seiner kritischen Haltung gegenüber der neuen Strategie und waren froh, daß ihnen nicht ein Neuer vor die Nase gesetzt wurde. Es beneidete ihn keiner, denn sie waren alle der Meinung, daß er außer mehr Arbeit und zahlreichen überflüssigen Kontakten zur Zentrale keine Vorteile hätte. Auch die Erhöhung seines Gehaltes würde dies nicht wettmachen. Ansonsten, so die Meinung der Kollegen, würde sich ja auch nichts weiter ändern. Jeder würde weiterhin seine Arbeit gut machen, und sie würden weiter gut im Team arbeiten.

Eine ganze Zeit verständigte man sich auch auf dieses Agreement. Herr K. verstand sich als Bindeglied zur Zentrale, übermittelte Nachrichten und gab Anregungen. Er brachte neue Informationen und rief alle vier Wochen die Truppe zu einem gemeinsamen Meeting zusammen. Ansonsten hielt er sich zurück. Er betonte, daß alles so weitergehen würde wie früher und sie weiter ein hervorragendes Team bleiben würden.

Die ersten Ungereimtheiten entstanden, als er unliebsame Nachrichten von der Zentrale zu überbringen hatte. Es ging zunächst, wie so oft beim Außendienst, um die Erreichbarkeit. Die Mitarbeiter sollten Autotelefone bekommen, damit sie leichter erreichbar wären und auch Rückfragen beantworten könnten. Zu seiner Überraschung weigerten sich seine Kollegen. Sie verstanden überhaupt nicht, daß auch er diese Meinung der Geschäftsleitung vertreten könnte, denn schließlich müßte er doch wissen, daß man nie genau sagen kann, wo man gerade sei, und außerdem sei dies auch überhaupt nicht nötig. Bisher habe man sich auch so bestens organisiert, und auf den Status eines Autotelefons könne man gern verzichten.

Herr K. spürte natürlich, daß sich hinter diesen Argumenten eine ganze Reihe von Gründen verbarg. Er selbst war bis vor kurzem noch in dieser Rolle und wußte nur zu gut, daß mit seiner Außendiensttätigkeit ein besonderes Privileg verbunden war: Er war nicht kontrollierbar. Er bedauerte auch immer die Kollegen in der Zentrale, die mit Stechkarten gezwungen waren, ihre Arbeit zu legitimieren. Auf der anderen Seite, dies war sein Problem und machte seine eigene Situation mehr als deutlich, leuchteten ihm auch die Argumente der Zentrale ein. Es ging nicht um Kontrolle durch die Zentrale, sondern um schnelleres und flexibleres Handeln. Es war ihm klar, daß sein Unternehmen im Wettbewerb nicht mehr mithalten kann, wenn andere Firmen ihre Leute problemlos flexibel einsetzen, umdirigieren und sich Unterstützung holen können. Er sah auch ein, daß er als Leiter diese Neuerung umzusetzen hatte.

1. Die Ausgangssituation: „ Sehr gut, daß alles so bleibt wie bisher. “

Sicherlich ein extremes Beispiel. Jeder weiß, daß es eine besondere Herausforderung darstellt, nach vielen Jahren gemeinsamer Tätigkeit plötzlich der Vorgesetzte seiner bisherigen Kollegen zu sein. Dieses Beispiel beschreibt aber sehr plastisch die Konstellation, in der sich Führungskräfte häufig befinden, wenn sie sich entschließen, als Aufsteiger aus den eigenen Reihen eine Leitungsposition zu übernehmen.

Die Mitarbeiter kennen ihren neuen Chef, und bei aller Ambivalenz, die sie möglicherweise bei seiner Ernennung erleben, sind sie meist froh, daß er und nicht ein anderer die Position bekommen hat. Schließlich „kennt er unsere Sorgen". Sie gehen davon aus, daß er sich richtig für sie einsetzen kann. Sie erwarten meist Kontinuität und vor allem , daß sich für sie keine gravierenden Änderungen ergeben. In der Regel vergessen sie dabei, daß mit einer neuen Rolle auch neue Sichtweisen verbunden sind.

Eine etwas andere Konstellation ergibt sich, wenn der neue Vorgesetzte einer der jüngsten Mitarbeiter der Abteilung ist. In einem Beispiel war es ein junger Mann Anfang 30, der von seinem Vorgesetzten seinen 10 bis 15 Jahre älterern Kollegen vorgezogen wurde. Er sah in ihm das größte Potential für die anstehenden Strukturveränderungen und das neue Klima, das entstehen sollte. Hier war die Ausgangssituation durch eine große Portion Skepsis und Reserviertheit gekennzeichnet, die der Neue so nicht erwartet hatte. Der junge Chef war zunächst davon ausgegangen, daß die Kollegen, mit denen er bisher sehr gut zusammengearbeitet hatte, ihm doch wesentlich mehr Unterstützung zuteil kommen lassen würden. Auch hier ging es letztlich darum, die eigene Führungsposition konstruktiv zu entwickeln und die Mitarbeiter davon zu überzeugen, daß man nicht Ausführender des Vorgesetzten ist, sondern eine eigene Postion entwickelt.

2. Die typischen Probleme von Aufsteigern aus den eigenen Reihen

Faßt man verschiedene Ausgangskonstellationen zusammen, so ergeben sich für Aufsteiger aus den eigenen Reihen vier typische Probleme:

❑ Die Einnahme einer klaren und sichtbaren *Vorgesetztenrolle*

Unter dem Druck der Erwartungen der Kollegen, daß „alles so bleibt wie es ist“, verzichten Aufsteiger aus den eigenen Reihen gerne darauf, die neue Rolle als Vorgesetzter deutlich einzunehmen. Deutlich einnehmen meint dabei nicht, das häufig diskutierte Umschalten von „du“ auf „Sie“, sondern offen und selbstverständlich bisher geleistete Arbeit abzugeben, um die neuen Führungsaufgaben wahrzunehmen. Häufig machen Aufsteiger aus den eigenen Reihen genauso weiter wie bisher, außer daß sie ab und zu an Abteilungsbesprechungen und anderen Sitzungen teilnehmen.

❑ Die *Delegation von Aufgaben*

Die Delegation von Aufgaben ist nicht nur deshalb schwierig, weil dadurch die neue Rolle allzudeutlich sichtbar würde, sondern auch deshalb, weil aufsteigende Kollegen aus eigener Erfahrung nur zu gut wissen, wie angespannt ihre Mitarbeiter sind. Vor diesem Hintergrund fällt es ihnen meist schwer, den ehemaligen Kollegen noch weitere Aufgaben „aufzudrücken“. Erst wenn sie merken, daß sie im Alltag ständig überlastet sind und auch durch Wochenendarbeit das notwendige Maß an Führung nicht realisierbar ist, beginnen sie mit der systematischen Delegation von Aufgaben.

❏ Die *enge Verbundenheit mit der Abteilung*

Ein drittes Problem, mit dem Aufsteiger aus den eigenen Reihen immer zu kämpfen haben, ist die enge Verbundenheit mit der Abteilung. Dies hat nicht nur seine Auswirkung in den Beziehungen, die meist zwangsläufig zunächst ungleich entwickelt sind, sondern auch in der Analyse der Probleme. Die „Betriebsblindheit“ desjenigen, der lange Jahre in einer Abteilung war, ist das klassische Argument gegen den Aufsteiger aus den eigenen Reihen. Vor allem dann, wenn es darum geht, Konzepte umzusetzen, von denen man weiß, daß sie nicht die Zustimmung der Mitarbeiter haben, tut sich der Neue aus den eigenen Reihen schwer.

❏ Das *Vorwissen des Aufsteigers*

Ein viertes Problem ist die Tatsache, daß der Aufsteiger aus den eigenen Reihen „zuviel weiß“. Dies ist nicht deshalb ein Problem, weil es von Nachteil wäre, viel an Insiderwissen zu haben, sondern deshalb, weil die Betreffenden es dadurch meist versäumen, sich zunächst einmal umfassend zu informieren. Sie verpassen damit nicht nur die Chance, zu neuen Perspektiven zu gelangen, sondern unterlassen dadurch auch, ohne daß sie das wollen, die Vorbereitung der Mitarbeiter auf mögliche Veränderungen (—> Baustein 5).
Aufsteiger aus den eigenen Reihen neigen nach unserer Erfahrung dazu, schnell und ohne systematisch entwickeltes Konzept auf Erwartungen und Aufgaben zu reagieren. Welche Nachteile ein solches „Reparaturdienstverhalten“ hat, haben wir im Baustein 6 beschrieben.

3. Was können Sie tun ?

❏ Sprechen Sie mit Ihren ehemaligen Kollegen offen über Ihre neuen Aufgaben, und geben Sie Aufgaben ab. Sonst können Sie keine Führung wahrnehmen.

- ❑ Führen Sie Einzelgespräche mit Ihren Mitarbeitern, vor allem auch dann, wenn Sie glauben, schon viel zu wissen. Nehmen Sie sich Zeit für diese Gespräche mit Ihren ehemaligen Kollegen. Sie entwickeln dadurch nicht nur neue Sichtweisen, sondern etablieren sich damit auch in Ihrer neuen Rolle.
- ❑ Sprechen Sie offen mit Ihren Mitbewerbern über die neue Situation. Erörtern Sie mit ihnen verständnisvoll und sachlich die Möglichkeiten einer konstruktiven Zusammenarbeit.
- ❑ Sprechen Sie mit ihrem Vorgesetzten und auch mit anderen Abteilungen über Themen, die aus deren Sicht anstehen, und über die Erwartungen an Sie. Diese Gespräche helfen Ihnen, sich Ihrer neuen Rolle als Leiter bewußter zu werden.
- ❑ Denken Sie daran, daß die Fortführung erfolgreicher Arbeit eine der schwierigsten Aufgaben ist. Sie verlangt ständige Veränderungen. Deshalb sollten Sie überlegen, was Sie tun müssen, damit der Erfolg gewahrt bleibt.
- ❑ Benennen Sie in angemessener Zeit klar und eindeutig, was alles so bleibt wie bisher und was sich verändern wird. Bringen Sie es in eine ausgewogene und überzeugende Zielelandschaft.
- ❑ Stellen Sie sich darauf ein, daß Ihre Mitarbeiter nach einer ersten Phase der Zustimmung auch enttäuscht sein können. Es ist nicht davon auszugehen, daß Sie alle ihre Erwartungen erfüllen können.

1. Welche neuen Aufgaben müssen Sie in Ihrer neuen Position erfüllen?

2. Welche Erwartungen werden Ihre Mitarbeiter korrigieren müssen?

3. Welche Veränderungen werden Ihnen besonders schwerfallen?

4. Wie sieht das neue Netz Ihrer Beziehungen im Unternehmen aus?

5. Welches sind Ihre drei wichtigsten Ziele im ersten halben Jahr?

6. Auf welche Veränderungen bei Ihren Mitarbeitern müssen Sie vorbereitet sein?

Abb. 26: Fragen an den Aufsteiger aus den eigenen Reihen

Memo:
Zusammenfassung zu Situation 1

Bausteine	Der Aufsteiger
1 Erwartungen	Mitarbeiter: *Es bleibt alles so, wie es ist!* Vorgesetzte: *Setzen Sie sich durch!*
2 Schlüsselbeziehungen	Klare Leiterposition beziehen. Umgang mit langjährigen Kollegen und Mitarbeitern beachten.
3 Situationsanalyse	Hauptproblem: Aufsteiger weiß zuviel und fragt deshalb zuwenig.
4 Zielelandschaft	Nutzen Sie die Zielelandschaft für Ihre eigene Positionsbestimmung.
5 Veränderungsklima	Entwickeln durch systematisches Fragen. Externe Beratung nutzen.
6 Initiieren von Veränderungen	Startschüsse setzen. Mitarbeitern Verantwortung geben.
7 Symbole und Rituale	In Alltagsabläufen Akzente setzen. Meetings und Tagesordnungen verändern.

Situation 2
Unternehmer gesucht – Der Seiteneinsteiger im Großunternehmen

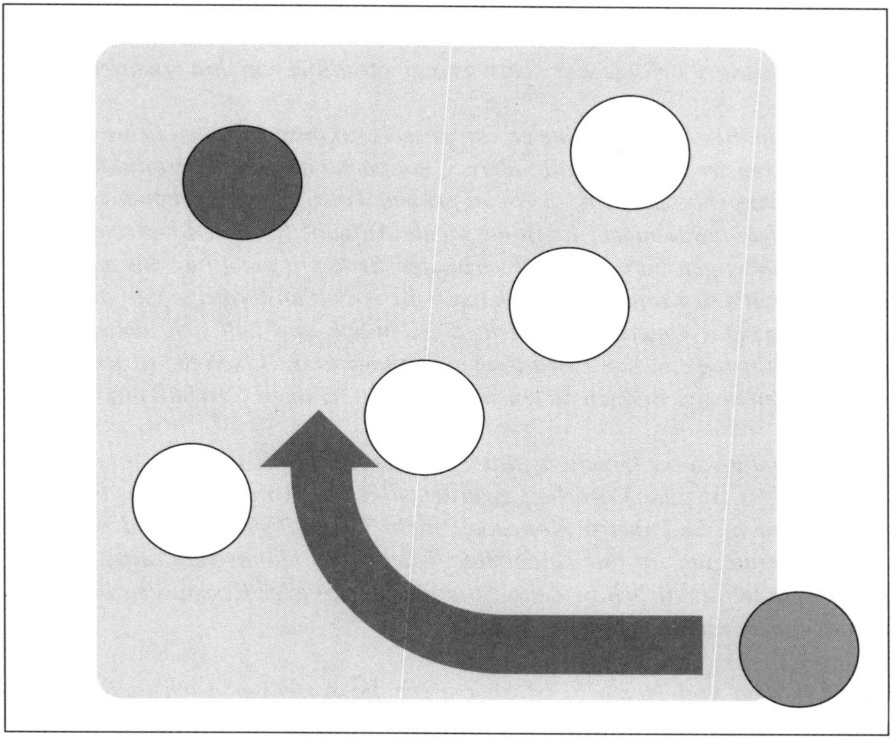

Wendig, unternehmerisch denkend, eigenverantwortlich und risikofreudig, so sind die Beschreibungen der Führungskräfte, die Unternehmen heute suchen. Rainer S., 33 Jahre alt, ist ein solcher Mann. Zielstrebig und mit einem Blick für das Wesentliche hat er bisher seine berufliche Entwicklung verfolgt. Nach einem Betriebswirtschaftsstudium begann er als Trainee bei einem großen Lebensmittelfilialisten und lernte eigenverantwortliches Handeln. Er bekam recht schnell eine Filiale, sein Budget und Verantwortung. Das war eine harte Zeit, und viele seiner Kollegen schmissen das Handtuch.

Nach fünf Jahren wechselte er das Unternehmen. Er wußte, daß er auf eigenen Beinen stehen und auch mit wenig Unterstützung erfolgreich führen konnte. Er wollte aber nicht nur als Einzelkämpfer tätig sein, sondern auch etwas von anderen lernen. Deshalb ging er zu einem Konsumgüterhersteller in das Produktmanagement. Hier erlebte er zum ersten Mal, was es bedeutet, von einer Unternehmenskultur in eine andere zu wechseln. Er kam aus einer Welt des Einzelkämpfertums, der Rivalitäten und der harten Zahlen in eine Welt des Teams, des Nachdenkens und der Kreativität. Strategisches Denken zur Sicherung langfristiger Erfolge war das, was man ab sofort von ihm erwartete.

Ein gutes halbes Jahr brauchte er, um zurechtzukommen, doch heute erlebt er diese Zeit regelrecht als Urlaub. Herr S. hat nach vier Jahren Produktmanagement das Angebot erhalten, in einem großen Touristikunternehmen ein neues Geschäftsfeld aufzubauen. Es ist die ideale Aufgabe für ihn, da es seine bisherigen Erfahrungen hervorragend verbindet. Er kennt nicht nur das alltägliche Geschäft mit den Kunden, sondern auch die Arbeit an Strategie und dauerhaftem Erfolg. Das Unternehmen sieht dies ähnlich und läßt sich auf einen gut dotierten Vertrag ein. Die Erwartungen scheinen klar: Bauen Sie so schnell wie möglich den neuen Bereich zu einem zukunftsträchtigen Geschäft auf.

Herr S., neu gekürter Geschäftsführer der Service-GmbH, startet mit drei Mitarbeitern. Es ist gute Vorarbeit geleistet, und alle warten auf den Profi. Er startet schnell. Er entwirft Konzepte, sucht Geschäftspartner und erarbeitet Vertriebsstrategien. In nur einem Jahr wächst die Mannschaft auf 25 Mitarbeiter, was ihm natürlich in Zeiten knapper personeller Ressourcen im Unternehmen nicht nur Bewunderer bringt.

Das Problem von Herrn S. ist aber nicht die Aufgabe. Auch nicht die 80-Stunden-Woche, obgleich die ihm schon Sorgen bereitet. Das Problem, so Herr S. in der Beratung, sind die Kollegen. Sie verstehen nichts von seinem Geschäft und werfen ihm nur Knüppel zwischen die Beine. So habe er sich vor kurzem mit einem für sein Geschäft wichtigen Bereichsleiter darüber gestritten, welchen Zugang seine Mitarbeiter zu dessen Vertriebsschiene haben. Am liebsten wäre es ihm, seine Mitarbeiter könnten frei schalten und walten, womit natürlich der Bereichsleiter nicht einverstanden war. So gäbe es in den letzten Monaten, seit sie aus dem Schattendasein einer kleinen GmbH hervorgetreten seien, eine Vielzahl von Reibungspunkten, die nicht nur ihn, sondern auch seine meist jungen Mitarbeiter zermürben würden.

Diese Diskussionen, so Herr S., seien es, die ihm zu schaffen machten. Sie würden ihn von seiner „eigentlichen Arbeit abhalten", so daß er schon manches Mal darüber nachgedacht habe, alles hinzuschmeißen. Vor allem dann, wenn man ihm noch den Ratschlag gäbe, sich mehr um die Regeln im Unternehmen zu kümmern, dann würde er sich fragen, ob dieses Unternehmen tatsächlich einen Mann mit Engagement und Eigeninitiative will.

Diese Geschichte gibt es hundertfach, und manch eine endet mit der überraschenden Kündigung des Neuen. Oswald Neuberger, einer der profiliertesten Managementprofessoren in Deutschland, bezweifelt denn auch, ob Großunternehmen überhaupt in der Lage sind, mit solchen Führungskräften umzugehen.

1. Die Ausgangssituation des Seiteneinsteigers

Lassen Sie uns die Ausgangssituation des Seiteneinsteigers im Großunternehmen etwas genauer analysieren. Richtig an der Aussage O. Neubergers ist zweifellos, daß sich Seiteneinsteiger nicht leicht tun, vor allem dann, wenn sie sich auch noch durch die genannten Attribute hervortun. Sie stellen gleich in mehrfacher Hinsicht eine *Bedrohung* für die Mitarbeiter im Unternehmen dar, was von vielen Neuen unterschätzt und von den Verantwortlichen im Unternehmen gern geleugnet wird.

Schon allein die Tatsache des Seiteneinstiegs sorgt für Reserviertheit. Sie stört die klassischen Aufstiegslinien, und in den meisten Fällen gibt es auch interne Mitbewerber, die sich fragen, ob dies nun die neue Personalpolitik im Unternehmen sei.

Eine zweite Bedrohung liegt in der Situation selbst. Fast alle Unternehmen verfolgen zu Recht eine Personalpolitik, die aus Gründen der Motivation internen Bewerbern zunächst den Vortritt gibt. Sie greifen meist dann auf Externe zurück, wenn das benötigte Know-how in den eigenen Reihen nicht ausreichend zur Verfügung steht. Ob das Card-Geschäft bei der Lufthansa, die Shop-Geschäfte bei den Mineralölunternehmen, die Mobiltelefon-Aktivitäten der Automobilbauer, überall dort, wo man sich in neuen Geschäftsfeldern bewegt, sucht man externes Know-how.

Das Problem dabei ist, daß sich die Mitarbeiter in den Unternehmen nicht nur durch die Kompetenz externer Profis bedroht fühlen, sondern vor allem auch durch die Tatsache, daß diese oft Positionen besetzen, die im Unternehmen starke Beachtung finden. Schließlich sollen die neuen Geschäftsfelder die Zukunft des Unternehmens sichern, und sie sind in manchen Fällen der Ausgangspunkt für einen langfristigen Umbau des Portfolios. „Werden Leute wie wir, die das Geschäft genau kennen, in Zukunft überhaupt noch gebraucht?“ ist zwangsläufig die bange Frage der Kollegen im Unternehmen, die in den angestammten Geschäftsfeldern tätig sind.

Wenn der Neue nun noch dadurch auffällt, daß er im Unterschied zu den Managern des Unternehmens besonders entscheidungsfreudig und engagiert seine Ziele verfolgt, kann man sich leicht vorstellen, wie jene beginnen, ihn zu bremsen. Die offensichtlichen Erfolge werden schnell als „Anfangserfolge“ deklariert und die nicht vermeidbaren Pannen ausgiebig diskutiert.

2. Die typischen Probleme von Seiteneinsteigern im Großunternehmen

Diese Beschreibung der Ausgangssituation läßt schon erkennen, wo sich die typischen Probleme von Seiteneinsteigern im Großunternehmen verbergen:

❑ In der *Diskrepanz zwischen den Erwartungen* der Geschäftsleitung und dem Erleben der Mitarbeiter

Das erste Problem, mit dem sich Seiteneinsteiger auseinanderzusetzen haben, ist die häufig anzutreffende Diskrepanz zwischen den Erwartungen der Vorgesetzten und dem Erleben der Kollegen auf den mittleren Führungsebenen. Während die Vorgesetzten die Ausgangssituation meist eindeutig beschreiben und erwarten, daß der Neue die gestellte Aufgabe so schnell als möglich realisiert, stehen die Kollegen den neuen Ansätzen doch meistens weitaus skeptischer gegenüber. Es gilt diesem latenten Widerspruch Rechnung zu tragen, wenn man nicht schnell unnötige Schwierigkeiten haben will.

❑ Im *Zeitdruck und der Notwendigkeit, die Organisation kennenzulernen*

Ein zweites Problem ist die Erfahrung, daß der Schreibtisch des Neuen meist voll von Aufgaben ist. Der Aufbau eines neuen Bereichs, die Erweiterung des Teams und die Konzeption von Strategien fordern meist den vollen Einsatz. Gleichzeitig steht der Neue vor der Aufgabe, sich in

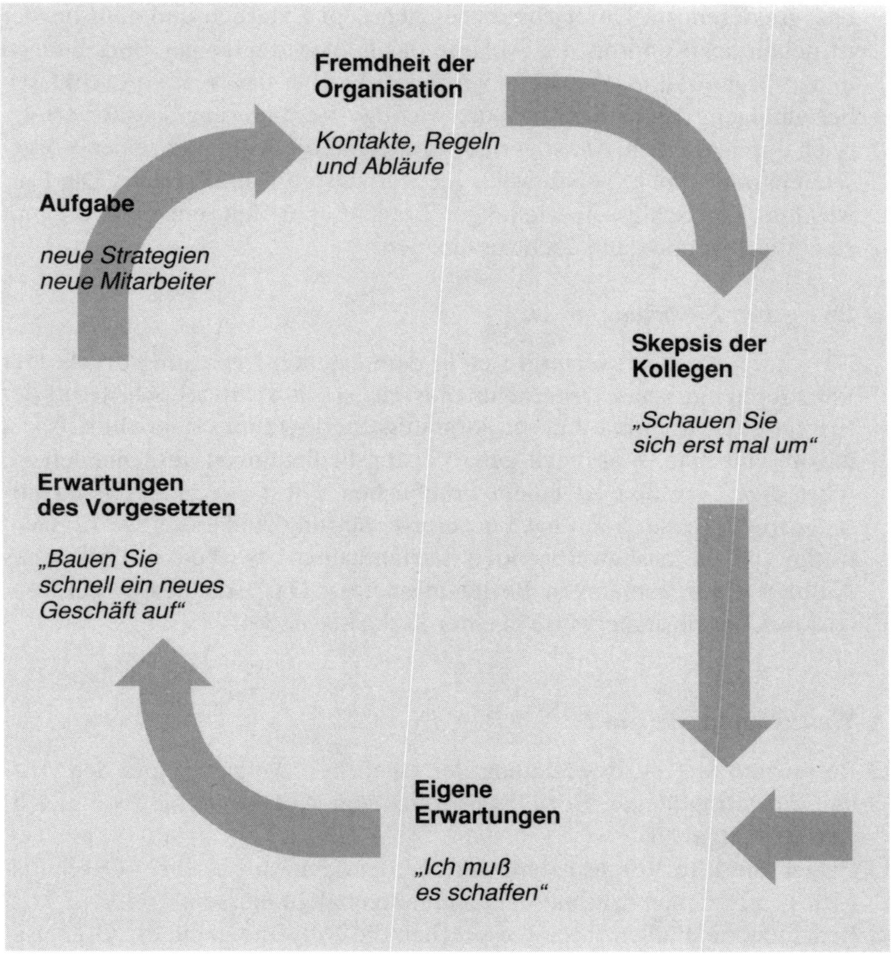

Abb. 27: Der Teufelskreis des Seiteneinsteigers

einer völlig neuen Organsiation zu bewegen. Er hat sich über organisatorische Abläufe, das Selbstverständnis des Unternehmens und die typischen Probleme zu informieren, was immer einen hohen Zeitaufwand für ihn bedeutet.

❑ In der Tatsache, daß Seiteneinsteiger über kein *tragfähiges* Beziehungsnetz verfügen

Der gravierendste Unterschied zwischen dem Externen und dem Insider ist neben der Kenntnis der Abläufe das Fehlen tragfähiger Beziehungen in der Organisation. Der Neue verfügt nicht über das Netz von Schlüsselbeziehungen, das er benötigt, um wichtige Veränderungsschritte erfolgreich durchzusetzen. Meist verläßt er sich auf die Kontakte seines Vorgesetzten, ohne daß er genau weiß, wie weit dessen Einfluß reicht. Die Entwicklung von Schlüsselbeziehungen braucht aber Zeit, um sie überhaupt zu entdecken und dann auch auszubauen.

❑ Im *eigenen Erwartungsdruck*

Ein viertes Problem verbirgt sich in dem eigenen Erwartungsdruck. Der Wechsel in ein neues Unternehmen ist meist ein wichtiger Schritt auf der Erfolgsleiter. Man hat ihn sich sorgfältig überlegt und verspricht sich viel davon. Hat man dann noch gute Vertragsbedingungen ausgehandelt, so führt dies eventuell zu einem erheblichen selbst produzierten Erwartungsdruck. Dieser kann nach unserer Erfahrung eine einseitige Konzentration auf die zu bewältigenden Sachaufgaben bewirken zu Lasten des Aufbaus eines tragfähigen Beziehungsnetzes. Das Ergebnis ist ein Teufelskreis, der normalerweise in einer Sackgasse endet.

3. Was können Sie tun ?

❑ Betrachten Sie die Bewältigung der fachlichen Aufgaben und den Aufbau eines tragfähigen Beziehungsnetzes von Anfang an als zwei gleichwertige Aufgaben.

❑ Fragen Sie Ihre Vorgesetzten, wen Sie bei dem Aufbau Ihres Geschäftsfeldes einbeziehen bzw. auf dem laufenden halten müssen.

❑ Beachten Sie in allen Ihren Gesprächen die Notwendigkeit, die Organisation kennenzulernen. Erkunden Sie die Regeln und das Selbstverständnis, die für den Erfolg des Unternehmens von Bedeutung sind.

❑ Starten Sie nicht zu schnell. Führungswechsel, insbesondere von Seiteneinsteigern, sind keine Sprints, sondern ein Langstreckenlauf.

❑ Achten Sie darauf, daß sich Ihre neue Abteilung nicht zu stark vom Unternehmen abgrenzt, schon gar nicht mit anderen Kulturmerkmalen.

❑ Hüten Sie sich vor zu vielen offiziellen Aufgaben. So mancher Neue, der schnell „frischen Wind“ in die Projektgruppen bringen wollte, erlebte bald eine Flaute.

Memo: Zusammenfassung zu Situation 2

Bausteine	Der Seiteneinsteiger
1 Erwartungen	Häufig Skepsis und Reserviertheit. Seiteneinsteiger stellt Bedrohung dar.
2 Schlüsselbeziehungen	Wichtigste Aufgabe: Kontakt zu Kollegen entwickeln.
3 Situationsanalyse	Frage: *Was passiert, wenn Sie Erfolg haben?*
4 Zielelandschaft	Vorsicht vor zu vielen Zielen: Seiteneinsteiger werden gerne zu Rettern des Unternehmens.
5 Veränderungsklima	Keine Motivation durch die Abgrenzung gegenüber anderen Bereichen.
6 Initiieren von Veränderungen	Nicht zu schnell. Führungswechsel sind kein Sprint, sondern ein Langstreckenlauf.
7 Symbole und Rituale	Suche nach Ressourcen. Botschaft: *Nicht alles Neue kommt von außen!*

Situation 3
Der große Vorgänger oder der kleine Nachfolger

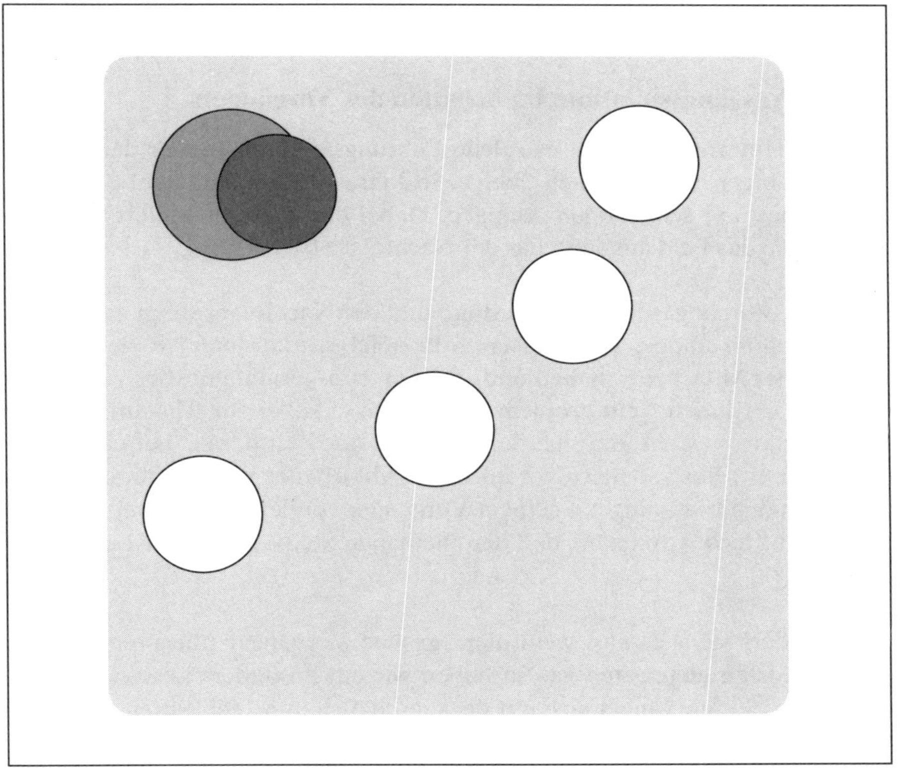

Herr D. war seit 18 Jahren Leiter des Kundendienstes. Er prägte diesen Bereich und war Kunden und Mitarbeitern ein lebendes Beispiel für eine konsequente, kundenorientierte Haltung. Tag und Nacht stand er zur Verfügung, und eine Vielzahl von erfolgreichen Servicekonzepten wurde in seiner Ära entworfen und umgesetzt. Ein „Denkmal", wie sein Nachfolger sagte, als er jetzt mit einer großen Veranstaltung in den Ruhestand verabschiedet wurde.

Keine einfache Aufgabe für den Nachfolger, einen 48jährigen Techniker. Auch er kennt den Service von Grund auf, da er bereits seit acht Jahren der

Stellvertreter von Herrn D. ist. Auch er wird von den Mitarbeitern für seine Arbeit geschätzt. Er stand aber auch immer im Schatten von Herrn D., so daß bei den Mitarbeitern doch erhebliche Zweifel bestanden, ob es ihm gelingen würde, die Abteilung vergleichbar zu leiten und zu vertreten. Für die Geschäftsleitung war die Entscheidung bestimmt durch den Wunsch, den gut funktionierenden Service so wie bisher fortzuführen.

1. Die Ausgangssituation: Im Schatten des Vorgängers

In allen Unternehmen gibt es solche Führungswechsel. Immer dann, wenn ein Vorgänger einen Bereich über viele Jahre geprägt hat, steht der Nachfolger vor einer schwierigen Aufgabe. Dabei hängt es von vielerlei Aspekten ab, wie das Feld aussieht, das der Nachfolger betritt.

Geht der Vorgänger in den Ruhestand und der Nachfolger steigt aus den eigenen Reihen empor, wie in unserem Beispiel, wird er in der Regel die Akzeptanz der Mitarbeiter haben und somit eine insgesamt günstige Ausgangssituation vorfinden. Sein Problem ist allerdings, daß er zunächst im Schatten des Vorgängers steht und sich nur im Laufe der Zeit daraus befreien kann. Nicht nur er selbst, sondern vor allem die Mitarbeiter werden ihn in den ersten Monaten beständig mit seinem Vorgänger vergleichen. Oftmals können sie sich gar nicht vorstellen, daß der ehemalige Stellvertreter ihr Leiter werden soll.

Ganz anders sieht es aus, wenn der „große" Vorgänger überraschend von seinem Posten abgetreten ist. So haben wir ein besonders krasses Beispiel erlebt, wo der Vorgänger sich mit der Geschäftsleitung zerstritten hatte und direkt zu einem Mitbewerber wechselte. Er war bei seinen Mitarbeitern sehr beliebt, mehr als ein Jahrzehnt erfolgreich im Unternehmen tätig und hatte wesentliche Strukturen und Strategien durch seine Handschrift geprägt. Die Mitarbeiter waren noch in tiefer Loyalität mit ihrem bisherigen Chef verbunden, als der Neue seine Position antrat. Für diesen eine nicht nur schwierige, sondern fast aussichtslose Situation. An allen Stellen begegnete er den Zeichen seines Vorgängers, und die Mitarbeiter zeigten nur wenig Bereitschaft, sich auf die Ideen des Neuen einzulassen. Manche begegneten ihm mit offener Ablehnung, da sie davon ausgingen, daß er im Vorfeld an der Demission ihres ehemaligen Chefs beteiligt war. Es dauerte fast ein Jahr, bis hier ein einigermaßen tragfähiges Management-Team entstand.

Eine weitere Variante ergibt sich dann, wenn mit dem Wechsel in der Führung wesentliche strukturelle Veränderungen vorgenommen werden sollen. Gerade bei Vorgängern, die viele Jahre im Amt waren, passiert es häufig, daß notwendige Veränderungen in den letzten Jahren vor dem Wechsel nicht mehr angegangen werden. Der Nachfolger wird hier nicht nur mit seinem Vorgänger verglichen, sondern auch noch daran gemessen, ob und wie er diese Situation meistert.

Hier hat die Führungskraft, die von außen einsteigt – besonders wenn ihr auch noch ein guter Ruf vorauseilt –, bessere Chancen als der Bewerber, der

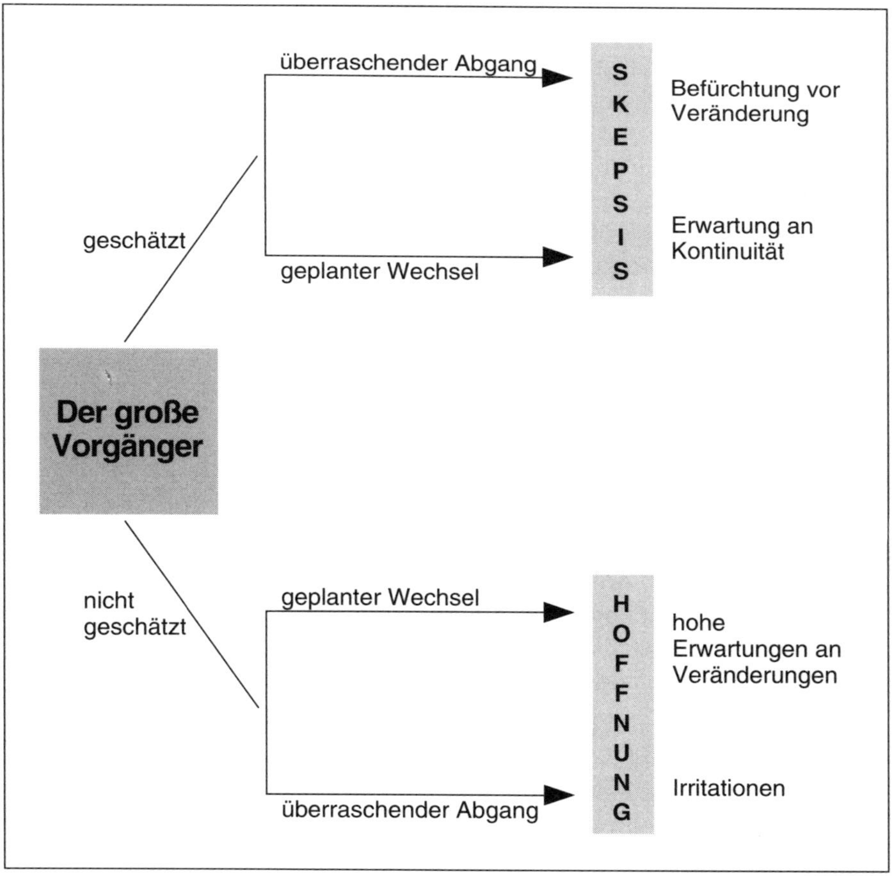

Abb. 28: Der große Vorgänger und die Reaktionen der Mitarbeiter

aus den eigenen Reihen aufsteigt. Sie kann wesentlich unbelasteter Dinge angehen und damit notwendige Veränderungen initiieren.

Das Feld, das der Nachfolger eines „großen“ Vorgängers betritt, ist immer geprägt von dem Schatten, den dieser hinterläßt. Das Ausmaß und die Intensität sind abhängig von der Leistung des Vorgängers und auch von der Zeit, die dieser im Unternehmen tätig war.

2. Die typischen Probleme des Nachfolgers

❑ Die ewige *Rolle* des „Zweiten“

Für den bisherigen Stellvertreter eines geschätzten Vorgängers besteht die Hauptschwierigkeit darin, daß er, besonders wenn er längere Zeit diese Position innehatte, durch die Rolle des „Zweiten“ geprägt ist. Das Problem besteht nicht nur darin, daß die Mitarbeiter sich überhaupt nicht vorstellen können, daß er als der ewig Zweite plötzlich an der Spitze steht. Die weitaus größere Gefahr ist die, daß er selbst sich so stark mit seiner bisherigen Rolle als „Zweiter“ identifiziert hat, daß er sie nicht so einfach abstreifen kann. So haben es manche ehemaligen Stellvertreter schwer, sich vorzustellen, was denn überhaupt verändert werden kann. Ihre Aufgabe war es bisher, das umzusetzen, was von ihrem Chef vorgegeben oder gemeinsam erarbeitet wurde.

❑ Die *Erwartungen der Mitarbeiter*

Das Handeln des aufgestiegenen Stellvertreters in der neuen Führungsposition ist ein anderes als bisher – und muß es auch sein. Mitarbeitern fällt es oft schwer, sich vorzustellen, daß ihr bisheriger Stellvertreter sich morgen anders verhalten soll. Sie sind deshalb oft irritiert, wenn er plötzlich Forderungen stellt oder sich bei Entscheidungen durchsetzt, ohne die gewohnte Funktion des Vermittlers einzunehmen.

❑ Die *Positionierung im Kreis der Kollegen*

Die dritte große Schwierigkeit für den Nachfolger besteht in seiner Positionierung im Kreise der neuen Kollegen. Da ihn seine Kollegen auch über viele Jahre nur als zweiten Mann gesehen haben, begleitet ihn der Schatten seines Vorgängers auch in die Leitungsrunden. Manchmal braucht es eine gehörige Portion Geduld, um die ewige Frage nach dem Vorgänger nicht als Kränkung zu erleben.

- Der ständige *Vergleich mit dem Vorgänger*

Auch der von außen kommende Nachfolger des großen Vorgängers steht immer tief in dessen Schatten. Die Vergleiche auszuhalten, denen der Neue ständig begegnet, ist nicht immer leicht. Er darf sich weder dem Gespräch über die Leistungen seines Vorgängers entziehen, noch darf er der „Einladung" folgen, sich mit dessen Qualitäten direkt messen zu lassen. Versucht er jedoch dem Vergleich auszuweichen, fragt nicht nach, wenn seine Mitarbeiter von ihrem früheren Chef sprechen, dann provoziert er geradezu, daß der Vorgänger immer mehr verherrlicht wird.

- Die *Schwächen des großen Vorgängers*

Große Vorgänger hatten ihre Positionen meist über viele Jahre inne, so daß es nicht ausbleibt, daß die Strukturen an manchen Stellen auch überholbedürftig sind. Für den Nachfolger besteht hier die Gefahr, den Vorgänger mit diesen Mängeln gleichzusetzen. Die in den Punkten zuvor skizzierte Dynamik kann dazu führen, daß es fast erleichternd ist, endlich einige Fehler des scheinbar Unfehlbaren gefunden zu haben. Dies führt dann zu einer einseitigen Bewertung des Vorgängers und zum Vernachlässigen der Würdigung seiner Verdienste.
Der Nachfolger muß wissen, daß die emotionalen Bindungen der Mitarbeiter an den Vorgänger nur langsam abgebaut werden und eine Kritik an den Leistungen des Vorgängers nur schwer akzeptiert wird. Nur in dem Maße, wie die Bindungen lockerer werden, kann das Vertrauen zu dem neuen Vorgesetzten entstehen und ein normalerer Umgang entwickelt werden.

3. Was können Sie tun ?

- Planen Sie einen sauberen und klaren Übergang. Sprechen Sie mit Ihrem Vorgänger und mit Ihrem zukünftigen Vorgesetzten, welche Möglichkeiten Sie haben, die Übergabe der Geschäfte möglichst für alle Mitarbeiter sichtbar zu gestalten.
- Sorgen Sie für einen würdevollen Abschied Ihres Vorgängers.

- ❑ Folgen Sie nicht der Einladung, das „Werk“ Ihres Vorgängers fortzuführen. Es wäre unmöglich, dieser Aufgabe gerecht zu werden. Machen Sie von Anfang an deutlich, daß Sie eine andere Person sind und damit zwangsläufig etwas Neues entstehen wird.
- ❑ Achten Sie darauf, daß Sie sich in Ihrer neuen Position für alle erkennbar plazieren. Sprechen Sie mit Ihren Mitarbeitern und Kollegen über deren Erwartungen an Sie als Leiter.
- ❑ Zeigen Sie in Ihrem Handeln, daß Sie die Arbeit Ihres Vorgängers schätzen. Oft wird der notwendige Respekt zwar in Worten ausgedrückt, aber die eilige Veränderung der gewohnten Tagesordnung spricht eine andere Sprache, die von den Mitarbeitern sehr genau wahrgenommen wird.
- ❑ Interessieren Sie sich für die Arbeit, die in der Vergangenheit zum Erfolg führte. Fragen Sie nach wichtigen Veränderungen und auch danach, worauf die Abteilung stolz ist.
- ❑ Gehen sie behutsam mit Kritik an Ihrem Vorgänger um. Sobald Sie Ihre Mitarbeiter in der Kritik an Ihrem Vorgänger bestärken, werden Sie erleben, wie schnell diese in Distanz zu Ihnen gehen.
- ❑ Sowohl für den bisherigen Stellvertreter wie für den Neuen von außen gilt es gleichermaßen, eine klare und vor allem ausgewogene Zielelandschaft zu entwerfen. Hier muß deutlich werden, was fortgeführt werden soll, und das, was sich verändern soll. Achten Sie auf das richtige Verhältnis zwischen den Veränderungen und den Neuerungen.

Memo:
Zusammenfassung zu Situation 3

Bausteine		Der große Vorgänger
1	Erwartungen	Entweder hohe Erwartungen oder keine Erwartungen. Ständiger Vergleich mit dem großen Vorgänger.
2	Schlüssel-beziehungen	Achten Sie auf einen offiziellen Abschied vom Vorgänger. Klare Positionierung im Kreis der Kollegen.
3	Situationsanalyse	Stabilität braucht Veränderung.
4	Zielelandschaft	Möglichst erst nach ausführlicher gemeinsamer Diagnose.
5	Veränderungs-klima	Vorsicht bei Tabuthemen. Keine hektischen Veränderungen.
6	Initiieren von Veränderungen	Einbeziehen der Mitarbeiter. Startschüsse.
7	Symbole und Rituale	Respekt vor dem Vorgänger *und* neue Zeichen.

Situation 4
Der junge High-Potential

Eine Sondergruppe im Unternehmen stellt die Gruppe junger Führungskräfte dar, die schon früh für zukünftige Managementaufgaben vorgesehen sind. In ausgeklügelten Auswahlverfahren werden sie ausgewählt und als kleine Gruppe zusammengefaßt. Sie werden mit Projekten betraut und durchlaufen schnell ihre ersten Führungsstationen. Oft haben sie Kontakt zu hohen Managementebenen.

Was geschieht, wenn diese ausgewählten Nachwuchskräfte Führungsaufgaben übernehmen? Welchen Erwartungen werden sie begegnen, und welche Herausforderungen haben sie zu bewältigen?

Herr L., 34 Jahre alt, ist Betriebswirt. Er war schon im Studium für zwei Jahre in den Vereinigten Staaten und hatte bereits dort eine ganze Reihe guter Kontakte zu internationalen Unternehmen entwickelt. Vor acht Jahren trat er bei einer deutschen Bank als Trainee ein. Dieses Unternehmen war bekannt für seine excellente Personalpolitik und wurde von ihm auch deshalb ausgewählt. In seinem Traineeprogramm hatte man ihm nahegelegt, eine Reihe konkreter Projekte zu bearbeiten.

Recht bald machte er durch sein kommunikatives Geschick, sein Engagement und seine hervorragenden Analysefähigkeiten auf sich aufmerksam. Ein Mitglied des Vorstandes nahm sich seiner an. Seine erste Position war dann auch bald die Leitung einer Gruppe, die sich um neue Produkte bemühte. Es waren fünf junge Leute, die die Aufgabe hatten, Konzepte zu entwickeln und in den Filialen vor Ort umzusetzen. Drei Jahre machte er diesen Job, der ihm die Möglichkeit gab, eine Menge Erfahrungen zu sammeln. Parallel dazu lief seine Schulung in einem ausgewählten Kreis, die ihn mit einer Vielzahl moderner Managementkonzepte vertraut machte.

Seine nächste Station war die Position eines Filialleiters. Hier hatte er bereits mit einer ganzen Reihe von Hürden zu kämpfen. Es war zwar eine kleine ländliche Filiale, aber sein Vorgänger hatte über viele Jahre hervorragende Arbeit geleistet. Er hatte somit erhebliche Schwierigkeiten, die notwendige Akzeptanz bei seinen Mitarbeitern und den Kunden zu gewinnen. Sein Vorteil war allerdings, daß es ihm gelungen war, mit seinem Vorgänger schnell eine gute Verständigung zu finden. Dieser unterstützte ihn in den ersten drei Monaten mit einer Vielzahl von Hinweisen. Er beriet ihn in fachlichen Fragen, gab Tips für den Umgang mit den Mitarbeitern. Außerdem half er ihm bei der Entwicklung der wichtigen Kundenbeziehungen.

„Ohne die kluge Planung der Bank, die mir eine ausreichende Einarbeitungszeit gab, und die Unterstützung durch meinen Vorgänger", so Herr L. im Rückblick, „hätte ich es wahrscheinlich nicht geschafft. Ich weiß noch, wie am Anfang alles auf mich hereinstürzte und auch die Skepsis der Mitarbeiter mir schwer zu schaffen machte. Schließlich kam ich aus einer Truppe von Gleichaltrigen und hatte nun plötzlich mit Fünfzigjährigen zu tun."

Die eigentliche Herausforderung in der Karriere von Herrn L. kam aber erst drei Jahre später. Ein personeller Engpaß führte dazu, daß ihm, ungeplant und zweifellos zu früh, eine Position als Regionalleiter angeboten wurde. Mit knapp 34 Jahren stand er nun plötzlich vor der Aufgabe, 5 Filialen mit insgesamt 45 Mitarbeitern zu leiten. Gleichzeitig galt es eine strategische Neuausrichtung mit erheblichen personellen Konsequenzen umzusetzen.

Dieser Führungswechsel hatte fast nichts, was einen „guten" Führungswechsel ausmacht. Mit zwei Ausnahmen waren seine Filialleiter zehn bis fünfzehn Jahre älter als er. Es gab einen Filialleiter, der sich sehr offen für die Position des Regionalleiters interessiert hatte. Außerdem schlug die aktuelle Veränderung bereits hohe Wellen, und viele Mitarbeiter waren verunsichert in bezug auf das, was auf sie zukam. Als dann bekannt wurde, daß er diese Position übernehmen sollte, war dies wie ein Schock. Die meisten Mitarbeiter bezweifelten, daß ein solch junger Mann dieser Aufgabe überhaupt gewachsen sei.

Die ersten Monate waren dann auch mehr als schwierig. „Ich werde nie meine erste Sitzung mit den Filialleitern vergessen. Ich war es zwar gewohnt, mit Skepsis umzugehen, aber so etwas hatte ich noch nicht erlebt. Acht Menschen saßen reserviert und schweigsam vor mir, und alle Versuche meinerseits, die Situation aufzulockern, nützten nichts. Herr M., der Filialleiter, der sich für meine Position interessiert hatte, war der einzige, der Fragen stellte. Es waren mehr als drei Monate harte Arbeit, bis das Eis etwas auftaute. Manches Mal dachte ich in jener Zeit daran aufzugeben, und meine Frau machte sich große Sorgen. Ich hatte zum ersten Mal in meinem Leben Herzbeschwerden und lief Gefahr, meine optimistische Ausstrahlung zu verlieren."

1. Die Ausgangssituation: Skepsis und Reserviertheit

Das Beispiel von Herrn L. ist kein Einzelfall. In vielen Unternehmen beobachten wir diese Dynamik, die typisch ist für den Führungswechsel von High-Potentials. Nicht bei den ersten Aufgaben, sondern erst dann, wenn sie in schneller Folge immer neue Aufgaben übernehmen, entwickelt sich eine solch schwierige Ausgangssituation.

Sie ist zunächst fast immer gekennzeichnet durch eine erhebliche Skepsis der Mitarbeiter, ob dieser junge Mann die gestellte Aufgabe überhaupt bewältigen kann. Diese Skepsis, mehr oder weniger offen gezeigt, führt meist zu einem schleppenden und verkrampften Anfang. Schnell gibt es auch Gerüchte – „Er muß gute Beziehungen haben" oder „Man muß nur den richtigen Vater haben" –, die dem Neuen das Leben unnötig schwer machen.

Befindet sich in den Reihen der Mitarbeiter noch ein heimlicher Mitbewerber, so wird es besonders schwierig. Schließlich ist es wesentlich einfacher, gegenüber einem erfahrenen Manager „verloren" zu haben als gegen einen jungen, der noch nicht einmal über eine vergleichbare Erfahrung verfügt.

Skepsis und Reserviertheit auf seiten der Mitarbeiter, Verunsicherung und Isolation auf seiten des Neuen sind dann auch die typischen Merkmale der Ausgangssituation.

2. Die typischen Probleme des High-Potentials

❑ Das Erleben von *Skepsis und Distanz*

Da die Nachwuchskräfte häufig nicht gewohnt sind, mit einer solchen Reserviertheit umzugehen, führt dies leicht zu einem Rückzug auf das Sachliche. Der Neue, der sonst immer offen und damit auch menschlich ist, wird vorsichtig. Er ist sich nicht mehr sicher, wie weit er aus sich herausgehen darf, ohne sich unnötigen Gefahren auszusetzen. Er versucht, fachlich zu bestehen und seine Führungsaufgaben korrekt wahrzunehmen. Ohne daß ihm dies bewußt ist, nährt er damit aber die Vermutungen seiner Mitarbeiter, daß sie für ihn persönlich überhaupt nicht wichtig sind. Sie fühlen sich bestätigt in ihrer Annahme, daß er nur an seine Karriere denkt.

❑ Stärkere *Anlehnung an den Vorgesetzten*

Ein zweiter Effekt, der durch diese Extremsituation zu Beginn des Führungswechsels auftritt, ist eine stärkere Anlehung an den Vorgesetzten. Mit ihm besprechen die Führungskräfte ihre Probleme, holen sich Tips und Unterstützung. Damit erhöht sich aber zwangsläufig die Distanz zu den Mitarbeitern, die gerade bei der Gruppe ausgewählter Führungskräfte sorgfältig darauf achten, ob sich dieser eher nach oben oder nach unten orientiert.

❑ *Verleugnung eigener Unsicherheiten*

Ein großes Problem in der skizzierten Ausgangssituation ist, daß junge Führungskräfte verständlicherweise die eigenen Unsicherheiten, die immer vorhanden sind, zu verstecken versuchen. Dadurch wird der Umgang mit den Mitarbeitern verkrampft und führt zu einer Formalisierung der Kontakte. In machen Fällen erlebten wir erst eine Entspannung in den Beziehungen, nachdem Unsicherheiten auch zugegeben wurden und der Neue sich auch von seiner menschlichen Seite zeigte.

❏ *Defizite im Bereich der Fachkenntnisse*

Da dem jungen High-Potential zu Beginn seiner Karriere wichtige Erfahrungen und Kenntnisse fehlen, ist er auf die Erfahrungen seiner meist älteren Mitarbeiter angewiesen. Er muß sich deshalb um einen guten Kontakt zu den Mitarbeitern bemühen, um die notwendigen Entscheidungen fällen zu können. Einer der größten Fehler wäre es, wenn er versuchen würde, fachlich direkt bestehen zu wollen.

3. Was können Sie tun?

❏ Das erste, was Nachwuchskräfte in einer solchen Situation tun können, ist, sich dieser Dynamik bewußt zu werden.

❏ Beginnen Sie trotz Reserviertheit und Skepsis von Anfang an konsequent an den Schlüsselbeziehungen zu arbeiten. Sprechen Sie mit dem heimlichen Mitbewerber, informieren Sie sich über die Fähigkeiten Ihrer Mannschaft und zeigen Sie sich offen im Umgang mit den Mitarbeitern. Dabei kommt es auch darauf an, den Mitarbeitern zu zeigen, daß es Ihnen nicht nur um die sachliche Aufgabe, sondern auch um die menschlichen Belange geht.

❏ Erkunden Sie die Stärken Ihrer Mannschaft, und beziehen Sie sie in Ihre Entscheidungen mit ein.

❏ Machen Sie deutlich, daß es Ihnen nicht nur um möglichst schnelle Erfolge geht, sondern daß auch die langfristigen Interessen der Mitarbeiter eine hohe Priorität für Sie besitzen.

❏ Entwerfen Sie eine Zielelandschaft, und beachten Sie, daß auch hier die langfristigen Anliegen der Mitarbeiter aufgezeigt werden.

Memo: Zusammenfassung zu Situation 4

Bausteine		Der High-Potential
1	Erwartungen	Von Skepsis bis Kälte und Reserviertheit.
2	Schlüssel-beziehungen	Achten Sie auf heimliche Mitbewerber und informelle Führer.
3	Situationsanalyse	Gemeinsame Diagnose von Problemen und Betonung von Stärken.
4	Zielelandschaft	Berücksichtigen Sie langfristige Mitarbeiterinteressen.
5	Veränderungs-klima	Ressourcen stärken und sicher handeln.
6	Initiieren von Veränderungen	Nicht zuviel. Vorsicht vor eigenem Erwartungsdruck (*sich beweisen müssen*).
7	Symbole und Rituale	Persönliche Gespräche. Berichte von der eigenen Lebenssituation. Würdigung der Leistung der Mitarbeiter.

Situation 5
Der Führungswechsel im Turnaround

Es gibt eine Ausgangssituation, die sich in vielen Punkten von den bisher beschriebenen Vorgehensweisen unterscheidet: der Führungswechsel im Turnaround. Wenn ein Unternehmen in eine existientelle Krise geraten ist, gelten andere Regeln. Zumindest dann, wenn es an die finanzielle Substanz des Unternehmens geht, spielt die Zeit eine entscheidende Rolle. Es kommt auf schnelle und radikale Veränderungen an, wenn man das Ruder überhaupt noch herumreißen will. Allein dies ist häufig der Grund, daß man nach einer Phase kontinuierlicher Verluste die Führung wechselt, da man zu Recht davon ausgehen kann, daß nur ein erfahrener und von außen kommender Manager die notwendige Konsequenz und Härte mitbringt, um schnelle Veränderungen zu erzielen.

Dabei sind die Wege in die Krise sehr unterschiedlich. In machen Fällen werden die Erfolge aus der Vergangenheit überschätzt und die Entwicklung der Mitbewerber viel zuwenig ernst genommen. Häufig sind es hausgemachte Probleme wie falsche strategische Entscheidungen, eine ungünstige Kostenentwicklung oder längst überfällige organisatorische Strukturen. Der Weg in die Krise ist dabei in vielen Fällen von beträchtlicher Länge, bis dann massive Signale in Form von Gewinneinbrüchen oder Verlust an Marktanteilen die Beteiligten wachrütteln. Zunächst hofft man dann noch eine gewisse Zeit, mit dem vorhandenen Management-Know-how die Krise zu meistern. Wenn dann die Talfahrt nicht zu stoppen ist, gleichen sich die Szenarien fast in allen Unternehmen. Ob bei Porsche, BHW, vor drei Jahren bei der AEG oder jüngst bei IBM, immer gipfelt die Krise in einer Ablösung der Führungsspitze, und ein Heer von Personalberatern sucht nach dem geeigneten Mann.

Welche Situation betritt der Krisenmanager? Welchen Erwartungen und welchen Befürchtungen begegnet er bei den Mitarbeitern und im Topmanagement? Wo muß er ansetzen, und worauf muß er Rücksicht nehmen?

1. Die Ausgangssituation: Widerstand und Verunsicherung

Heinz Stöckl bei der AEG hat es vorgemacht. Er wußte, daß ihm bei der AEG nicht viel Zeit blieb und ein radikaler Umbau der Geschäftsfelder anstand, wenn er das Unternehmen auf die eigenen Beine stellen wollte. Trotzdem bemühte er sich am Anfang, der massiven Verunsicherung im Unternehmen Rechnung zu tragen, indem er sich zunächst etwas zurückhaltend verhielt. „Man könne von ihm keine schnellen Statements erwarten, da er sich zunächst einmal umsehen müsse." Gleichzeitig ließ er von Beginn an alle großen Projekte in einer bislang nicht gekannten Form auf ihre strategische Bedeutung, ihren Finanzbedarf und ihre Risiken hinterfragen.

Das Problem des Krisenmanagers ist zunächst dasselbe wie das jedes anderen Managers, der von außen kommt. Er weiß noch zuwenig über die Organisation, über strategische Details und die vorhandenen Ressourcen, um sofort handlungsfähig zu sein. Deshalb ist auch er gezwungen, sich zunächst ein Bild von der Ausgangssituation zu machen. Dabei kann er in vielen Fällen auf Studien zurückgreifen, die in der zurückliegenden Phase erstellt wurden, ohne daß sie bisher eine Umsetzung erfuhren. Im Unterschied zum

- Hohe Emotionalität der Diskussion durch existentielle Verunsicherung
- Widerstand im Management
- Hohe Forderungen an die nächsthöhere Ebene
- Immer wieder auftauchende Skepsis bezüglich der eingeschlagenen Strategie
- Kunden, die sich zurückziehen
- Schwanken der Mitarbeiter zwischen Identifikation mit dem Unternehmen und innerer Distanz
- Hoher Öffentlichkeitsdruck durch „Negativpresse“

Abb. 29: Führungswechsel im Turnaround: typische Probleme

„normalen“ Führungswechsel trifft er allerdings auf eine Motivationslage, die es ihm nicht gerade leicht macht, in eine sachliche Analyse der Ursachen der Krise einzutreten und Lösungskonzepte zu entwerfen.

Während er in den Reihen der Mitarbeiter oft Skepsis bis hin zur Aufgabe des Glaubens an eine Rettung des Unternehmens vorfindet, muß er sich im Management auf mehr oder weniger offenen Widerstand einstellen. Viele der Führungskräfte befürchten in solchen Situationen zu Recht, daß auch ihr Job in Frage steht. Schließlich waren sie in den vergangenen Jahren am Niedergang des Unternehmens beteiligt.

Ein zweites Problem, was die Ausgangssituation des Krisenmanagers kennzeichnet, ist die Tatsache, daß er fast von Anfang an in existentiell bedeutsamen Verhandlungen steht. Kunden und Lieferanten, die Kenntnis genommen haben von der schwierigen Situation des Unternehmens, beginnen sich zurückzuziehen und wollen von einer weiteren Zusammenarbeit überzeugt werden. Auch die Anteilseigner reagieren in solchen Sitautionen nervös und verlangen schnell nach neuen Konzepten. In manchen Fällen laufen bereits Verhandlungen über den Verkauf wichtiger Firmenteile, um wieder mehr Liquidität zu erlangen.

Zumindest bei Unternehmen einer gewissen Größenordnung kommt noch ein dritter Faktor hinzu, der die Ausgangssituation erheblich beeinflußt: Die Öffentlichkeit in Form der regionalen und überregionalen Presse ist aufmerksam geworden und hat mit der Berichterstattung über die Schwierigkeiten des Unternehmens begonnen. Eine solche Negativpresse hat nicht zu unterschätzende Rückwirkungen auf die Mitarbeiter. Von einem auf den anderen Tag werden sie von Freunden und Bekannten gefragt, was bei ihnen los sei. Sie lesen plötzlich über Mißmanagement und Probleme des Marktes, in dem sie sich bewegen, wie sie es sich bisher nicht vorgestellt haben. Dies führt schnell zu einer Spirale von immer geringerer Identifikation und Demotivation.

Zeitdruck, Verunsicherung der Mitarbeiter, Forderungen von vielen Seiten und eine „aufmerksame“ Negativpresse sind die Rahmenbedingungen eines Führungswechsels im Turnaround. Je nachdem, wie der Krisenmanager selbst in der Presse gehandelt wird, kommt noch ein hoher persönlicher Erwartungsdruck hinzu.

2. Die drei Phasen erfolgreichen Krisenmanagements

Das Management im Turnaround ist sinnvoll in drei Phasen zu unterteilen. In einer *ersten Phase* geht es um schnelle und radikale Veränderungen. Die Ausgangssituation der Krise erlaubt dem Neuen, viel in Frage zu stellen. So hat Klaus Zeidler seine Führungscrew bei der Deutschen Verkehrs-Kredit-Bank (DVKB) bereits nach vier Wochen damit überrascht, daß er das Leistungsprinzip in die Gehaltsfindung der verstaubten Bank einführte. Es kam ihm darauf an, so früh wie möglich ein Zeichen zu setzen, daß sich in den nächsten Monaten vieles grundlegend ändern würde. Anschließend griff er eine bereits vorhandene Studie eines Beratungsunternehmens auf und erstellte gemeinsam mit seinen Vorstandskollegen eine umfassende Analyse der Ausgangssituation.

Management im Turnaround entscheidet sich im Unterschied zu vielen anderen Führungswechseln ganz häufig in dieser ersten Phase, die selten länger als drei Monate dauert. Hier gilt es, sich schnell einen Überblick zu verschaffen, erste klare Zeichen einer neuen Strategie und konsequenten Handelns zu setzen und in eine gemeinsame Diagnose der Ausgangssituation einzutreten. Hier muß mit harten Zeitvorgaben gearbeitet werden, da die Rahmenbedingungen selten noch viel Spielraum lassen.

Am Ende dieser ersten Phase muß ein überzeugendes Programm zur Bewältigung der kritischen Unternehmenssituation stehen. Dieses Programm muß vom Topmanagement getragen und auf allen Ebenen verkündet werden. In vielen Fällen ist es deshalb bereits an dieser Stelle nötig, personelle Veränderungen an strategisch bedeutsamen Stellen vorzunehmen. Neue Führungskräfte im Turnaround können sich manches erlauben. Was sie sich nicht leisten können, ist ein halbherzig vorgetragenes Konzept zur Rettung des Unternehmens.

Dieses Konzept muß auch in die Öffentlichkeit getragen werden, um möglichst schnell wieder eine positive Presse zu erhalten. Dabei muß aber den Mitarbeitern an dieser Stelle deutlich gemacht werden, daß sie schnelle Erfolge nicht erwarten dürfen. Im Gegenteil, alle Erfahrungen von Turnarounds zeigen, daß es zunächst noch weiter in die Krise geht, bis die Konzepte greifen.

Das halbe Jahr nach Verkündung einer neuen Strategie gehört zweifellos zur kritischsten Phase im Turnaround. Eines der größten Probleme von Un-

Phase 1 Zeichen setzen

- Abbau von Unsicherheit und Skepsis
- Gemeinsame und schnelle Diagnose der Ausgangssituation
- Besetzung von Schlüsselpositionen
- Erarbeitung eines Konzepts zur Rettung des Unternehmens
- Information der Öffentlichkeit

Phase 2 Glaube an die Strategie entwickeln

- Konsequente Umsetzung der strategischen Entscheidungen
- Motivation und Information der Mitarbeiter auf allen Ebenen
- Einheitliches Auftreten im Topmanagement
- Orientierung auf langfristige Ziele und kurzfristige Erfolge

Phase 3 Entwicklung eines neuen Selbstverständnisses

- Analyse der erreichten Veränderungen
- Realisierung notwendiger Korrekturen
- Bestimmung neuer Regeln und Selbstverständnisse
- Entwicklung eines kontinuierlichen Veränderungsprozesses

Abb. 30: Management im Turnaround

ternehmen in einer existentiellen Krise ist ja nicht nur der immer schnellere Verlust der finanziellen Basis und das Fehlen überzeugender Strategien zur Bearbeitung der Märkte, sondern das geringe Selbstvertrauen der Mitarbeiter. Das Vertrauen in eine erfolgreiche Bewältigung der Krise wird in dieser Phase auf eine harte Probe gestellt. Es werden sich keine schnellen Erfolge einstellen, und bereits nach kurzer Zeit werden erste Presseberichte wieder ein düsteres Bild von der Zukunft zeichnen.

Auch die freiwillig ausscheidenden Mitarbeiter hinterlassen ein negatives Gefühl, das nicht einfach mit ein paar guten Worten zu korrigieren ist. Ist das Management in dieser Phase dann noch gewzungen, aufgrund weiterhin sinkender Erträge drastische Kosteneinsparungen zu verkünden, nagt dies an dem noch dünnen Selbstvertrauen. Kritische Stimmen, „ob denn die Strategie tatsächlich zum Erfolg führen wird", werden wieder lauter.

Jede Führungskraft ist hier gefordert, die individuellen Stärken der Mitarbeiter zu entwickeln und die Perspektive auf langfristige Ziele hinzulenken. Turnaround ist zwar ein hektisches, aber kein kurzfristiges Geschäft; vielmehr ist es die Zurückgewinnung alter Stärken in einem stürmischen Gewässer.

Nach Abschluß dieser beiden Phasen und nachdem sich erste Erfolge einzustellen beginnen, in der Regel nach 9 bis 12 Monaten, wird es Zeit, die neuen Strategien fest im Unternehmen zu verankern. Es gilt in unternehmensweiten Workshops die zwischenzeitlich umgesetzten Veränderungen zu verarbeiten und ein neues Selbstverständnis zu entwickeln. Hier können dann auch noch die notwendigen Korrekturen in der Geschäftspolitk vorgenommen werden. Damit kommt die Neuorientierung zu einem vorläufigen Abschluß. Ich sage bewußt vorläufig, da man gut beraten ist, die gerade erworbene Kompetenz der eigenen Veränderung in einem kontinuierlichen Veränderungsprozeß fortzuschreiben.

Memo:
Zusammenfassung zu Situation 5

Bausteine		Der Turnaround
1	Erwartungen	Verunsicherung bei den Mitarbeitern. Widerstand im Management.
2	Schlüssel-beziehungen	Schlüsselpositionen müssen sehr schnell neu besetzt werden.
3	Situationsanalyse	Berücksichtigung vorhandener Analysen. Neubewertung im Hinblick auf veränderte Ziele.
4	Zielelandschaft	Klare und begrenzte Ziele. An mehreren Schwerpunkten ansetzen.
5	Veränderungs-klima	Vergangene Erfolge suchen. Erste Zeichen der Veränderung setzen. Öffentlichkeitswirksame Maßnahmen ergreifen.
6	Initiieren von Veränderungen	Startschüsse und harte Zeitvorgaben.
7	Symbole und Rituale	Neue Zeichen setzen. Interesse für Mitarbeiter. Glaubwürdigkeit zeigen.

Chronologie einer Positionsübernahme
Beispiel eines erfolgreichen Führungswechsels

Dr. M., 38 Jahre alt, ist ein zielstrebiger Mann. Seit zehn Jahren ist er in einem großen deutschen Pharmaunternehmen tätig und steht vor seinem Wechsel auf die Position eines Regionalleiters. Nach Öffnung der Grenzen wurde diese Region in den neuen Bundesländern neu aufgebaut. Vier Teams mit jeweils sechs bis acht Mitarbeitern, überwiegend aus den neuen Bundesländern, arbeiten intensiv an der Entwicklung des Marktes für den Vertrieb von Laborgeräten.

Vor zehn Jahren startete Dr. M. nach seiner Promotion als Chemiker im zentralen Produktmarketing. Nach nur drei Jahren übernimmt er seine erste Führungsposition, zwei Jahre später nimmt er die Chance wahr, in der amerikanischen Company der Unternehmensgruppe eine neue Produktlinie im Markt zu plazieren.

„Dies war eine ausgezeichnete Schule für mich. Wir haben mit einem kleinen Drei-Mann-Team begonnen und nach nur drei Jahren eine gute Marktposition erreicht. Ich lernte mein konzeptionelles Denken, das ich im zentralen Produktmanagement entwickelt hatte, zusammen mit den Vertriebsleuten in die Praxis umzusetzen. Vor allem aber lernte ich, was Service heißt. Hier sind die Amerikaner führend."

Er wäre gerne in den USA geblieben. Das Angebot seines ehemaligen Chefs, der in der Zwischenzeit den Vertrieb von Laborsystemen in Deutschland leitete, reizte ihn aber zu sehr. Es erschien ihm als die ideale Möglichkeit zu einer beruflichen Weiterentwicklung, da er nun seine Erfahrungen direkt in das operative Geschäft mit Kunden umsetzen konnte. Schon im Vorfeld informierte ihn sein ehemaliger Chef mit Telefonaten und Protokollen über die aktuelle Situation.

Spekulationen vor dem Start

Am 30. September war es soweit. Dr. M. verließ die USA und flog mit Familie nach Berlin, dem Ort seiner neuen Aufgabe. Am liebsten hätte er gleich am nächsten Tag seine neue Arbeitsstelle aufgesucht und sich den Mitarbeitern vorgestellt. Sein Vorgesetzter hatte aber ein anderes Arrangement getroffen. Er wollte ihn persönlich im Rahmen einer Mitarbeiterversammlung vorstellen. Da er selbst auf Reisen war, war dieser Termin erst in 14 Tagen. Bis dahin sollte sich Dr. M. ein erstes Bild von der Gesamtsituation machen.

Sein Vorgesetzter hatte hierfür eine Woche für Gespräche in der Zentrale geplant, wo er mit allen wichtigen Mitarbeitern des Innendienstes sprechen konnte. Für die zweite Woche war eine Reise durch die Regionen im Westen organisiert. Natürlich war bereits bekannt, wer kommt, und die Gerüchteküche meldete sich zu Wort. Er wurde als guter Mann gehandelt, klug und ehrgeizig. Die Information, daß er für drei Jahre in den USA war, war Anlaß für manche Spekulation.

Erkundungen in der Zentrale

Dr. M. reiste montags nach L. Er kannte die Zentrale und war nach drei Jahren USA gespannt, was sich verändert hatte. Nach einer kurzen Einführungsrunde begann er ein gezieltes und systematisches Gesprächsprogramm. Im Ein-Stunden-Rhythmus führte er ein Gespräch nach dem anderen mit wichtigen Mitarbeitern des Innendienstes. Er sprach mit den verschiedenen Produktmanagern, mit dem zuständigen Mann der Personalabteilung und mit Mitarbeitern des Kundendienstzentrums. Er sprach mit dem technischen Service und mit Kollegen aus den Nachbarabteilungen. In allen Gesprächen, auf die er sich jeweils gezielt vorbereitet hatte, stellte er drei Fragen:

1. Wie stellen sich aus Ihrer Sicht die Probleme bzw. Aufgaben in den neuen Bundesländern dar?
2. Was müßte anders sein?
3. Was kann ich als neuer Regionalleiter für Sie tun?

Damit entwickelte er systematisch ein erstes Bild von der Region, die er zukünftig zu managen hatte. Er gewann aber auch erste Eindrücke von den Erwartungen, die an ihn gestellt wurden. Außerdem erfuhr er eine Menge über die Probleme der zentralen Abteilungen und das Zusammenspiel von Innen- und Außendienst. Durch diese Gespräche wurde er für den Innendienst greifbar und zum Hoffnungsträger, der die Probleme an den Schnittstellen zwischen Innen- und Außendienst überwinden sollte.

Gespräche mit den Kollegen

In der zweiten Woche reiste Dr. M., wie von seinem Vorgesetztem geplant, durch die Region. Er sprach mit seinen neuen Kollegen, die jeweils für ein Jahr die Patenschaft für seine neuen Mitarbeiter übernommen hatten. Er informierte sich über ihre Erfahrungen, über ihre Sicht der Probleme und der Aufgaben, die nun anstanden. Er sprach mit ihnen auch über die Unterschiede zwischen ihrer eigenen Arbeit in den alten Bundesländern und der Arbeit in den neuen. Natürlich waren auch diese Gespräche eine Möglichkeit, sich etwas näher kennenzulernen. Auch seine Kollegen fragte er nach ihren Erwartungen. Die zentrale Botschaft war: „Wir sind ein gutes Team."

Präsentation in Berlin

Auf einem Meeting präsentierte sich Dr. M. seinen neuen Mitarbeitern. Alle erschienen, und sein Vorgesetzter eröffnete die Tagung. Es waren nur drei Tagesordnungspunkte:

1. Begrüßung und aktuelle Information durch den Leiter des Vertriebs
2. Bericht der regionalen Verkaufsleiter, also seiner Führungsmannschaft, zur aktuellen Geschäftssituation
3. Vorstellung von Dr. M. als neuer Regionalleiter

Dr. M. hatte sich gut vorbereitet. In den letzten zwei Tagen hatte er sich noch einmal seine Notizen aus den über dreißig Gesprächen vorgenommen und strukturiert. Sie sind eine wichtige Basis für seine Eröffnungsrede. Er hatte sich vorgenommen, nicht nur etwas über sich und seine Ziele zu sagen, sondern auch etwas mit „Substanz" zu den Zielen und Aufgaben als neuer Regionalleiter. Er wollte so, mit allen Vorbehalten einer ersten Einschätzung, den Mitarbeitern schon früh eine Orientierung geben. Dies schien ihm allein auch deshalb wichtig, weil er nicht so schnell wie z.B. im Innendienst wieder eine Möglichkeit haben würde, alle Mitarbeiter zusammenzurufen.

Berufliche Stationen

Dr. M. schilderte kurz seine wichtigsten beruflichen Etappen und seine Motive, die ihn veranlaßt hatten, die USA zu verlassen und die Position eines Regionalleiters anzunehmen. *„Ich wollte, daß meine Mitarbeiter wissen, warum ich das alles tue. Warum ich im Marketing war, warum ich in den Vertrieb gehe, warum in die Region Ost und warum nach Berlin. Ich wollte ihnen eine Linie zeigen, damit sie nachvollziehen können, was mich bewegt."*

In diesem Zusammenhang machte er auch einen Schwenk auf seine Familie und griff ein heikles Thema auf. Vor den Mitarbeitern aus den neuen Bundesländern beschrieb er die Beweggründe, die seine Familie vor vielen Jahren aus dem Osten Deutschlands nach Chile brachten. Er beschrieb auch, wie sie dort, als die Kommunisten an die Macht kamen, erneut alles aufgaben und in die Bundesrepublik zogen.

Er erzählte dann etwas über die Geschäfte in den USA. Er sprach über die Probleme, die es dort gibt, und die Stärken. Er sprach darüber, welche Vorteile er hier gegenüber den USA sehe, z.B. die weitgehende Dezentralisierung. Er sprach über wichtige Mitbewerber und was er von dem Prinzip „Hire – and fire" hielt. „Das hatte ich in verschiedenen Gesprächen aufgeschnappt. Ich hatte erfahren, daß die Leute Angst hatten, daß ein Ami kommt, der nach diesem Prinzip arbeitet und ‚aufräumt'. Und Aufräumen bedeutet dann immer wieder, daß einzelne Mitarbeiter gehen müssen, natürlich haben sie Angst. Das soll nicht sein."

Grundprinzipien seiner Arbeit

Anschließend sprach Dr. M. über die *Grundprinzipien* seiner Arbeit. Er machte deutlich, daß er viel Wert auf langfristige Kundenbeziehungen lege, Eigeninitiative der Mitarbeiter braucht und konstruktive Kritik schätzt. *„Wichtig ist für mich, daß niemand sich nur beklagt, ohne zu sagen, wie man es besser machen kann; daß es offene Informationswege gibt, d.h., daß jeder mit jedem, wann immer es sein muß, reden kann, daß man Kundenbedürfnisse erkennt und auch kommuniziert, sie also nicht für sich behält, sondern sie weitergibt. Wichtig ist für mich auch, daß wir verkaufen müssen, was da ist, daß wir optimistisch an die Sache herangehen, daß wir verbindlich sind, d.h. das auch einhalten, was wir zusagen."*

Er teilte den Mitarbeitern mit, daß es ihm in den nächsten Wochen darauf ankommt, sie alle persönlich kennenzulernen. Er wollte sich deshalb in den nächsten drei Monaten bemühen, mit allen Mitarbeitern zu sprechen. Am liebsten würde er sie bei Besuchen bei Kunden begleiten. Er sagte den Mitarbeitern aber auch, daß sie sich auf diese Gespräche gut vorbereiten sollten. Sie seien schließlich die Chance für sie, ihm ihre Erwartungen und Wünsche mitzuteilen.

Ziele in der Region

Zum Abschluß seiner Vorstellung kam dann Dr. M. zu seinen Zielen für die Region, wie sie sich derzeit abzeichneten:

Ein erstes Thema, das anstand, war eine Veränderung der Teamstruktur. Hier, so verkündete er, wolle er sich schlau machen in den nächsten drei Monaten, um so zu einer guten neuen Struktur zu gelangen. Einen Schwerpunkt, den er aus den USA mitgebracht habe, sei der Service. Er habe dort gelernt, so seine Ausführungen zu diesem Thema, Kundenzufriedenheit ernst zu nehmen. Dieses Wissen wolle er auch der Region Ost zur Verfügung stellen. In diesem Zusammenhang, so verkündete er weiter, gäbe es für ihn eine wichtige Gleichung: Service = Marketing = Vertrieb. Für ihn sei ganz wichtig, daß es keinen Unterschied zwischen Personen gäbe, die diese unterschiedlichen Funktionen wahrnehmen. Nur in dem Zusammenspiel gleichwertiger Personen sei Kundenzufriedenheit zu erreichen.

Damit präsentierte sich Dr. M. als jemand, mit dem man Sachen besprechen kann, der sich gut vorbereitet, der über umfangreiche eigene Erfahrung verfügt, der Grundüberzeugungen hat und bereit ist, in der neuen Aufgabe zu lernen.

Worte brauchen Taten

„Ich wußte, daß die Leute bereits bei meiner Präsentation sehr genau zugehört hatten. Das wurde bei dem anschließenden gemeinsamen Abendessen deutlich, auch wenn sie dort noch sehr zurückhaltend waren. Mein Anliegen war, das zu beweisen, was ich gesagt hatte.“

Dr. M. nahm sich deshalb gleich eine Reihe wichtiger Personalgespräche vor. In allen diesen Gesprächen ging es um Fragen der Neustrukturierung der Teams. Sie hatte die Mitarbeiter schon seit geraumer Zeit in Bewegung und Unruhe versetzt, so daß es hier auch darauf ankam zu zeigen, daß er dies sehr wohl wahr- und ernst nahm.

Er nahm sich Zeit und fragte sehr differenziert danach, was die Leute bewegte. Langsam und geduldig konnte er zur Überraschung der Mitarbeiter erreichen, daß die Mitarbeiter, die sich bisher gegen die Übernahme bestimmter Aufgaben gewehrt hatten, bereit waren, etwas Neues auszuprobieren.

Ein zweites Ereignis, das ihm zu einiger Akzeptanz verhalf, war ein erfolgreiches Verkaufsgespräch bei einem Kunden. Einer seiner Führungskräfte bat ihn, gleich nach der Präsentation zu einem Kunden mitzukommen. Sie waren schon früh unterwegs und hatten eine ganze Reihe von Kunden besucht, als dieser ihm kurz schilderte, worum es ging. In dieser Schilderung gab es eine Kleinigkeit, die ihn hellhörig werden ließ. Er hatte den Eindruck, daß es hier um ein Geschäft ging, das bisher vernachlässigt worden war. Er fragte nach, der Mitarbeiter antwortete ausweichend. Im Gespräch mit dem Kunden konnte Dr. M. dann das anwenden, was sie in den USA praktiziert hatten. Der Kunde war begeistert und schloß noch in diesem Gespräch einen Kaufvertrag ab.

Dieses Ereignis machte die Runde und gab ihm zumindest das Attribut „Verkaufen kann er schon“.

Das Dritte, worauf er achtete, war die Kommunikation. Er war immer erreichbar, hatte ein offenes Ohr und praktizierte selbst eine Form der offenen Kommunikation, die die Mitarbeiter bisher noch nicht kannten. Schon am ersten Tag nach seiner Präsentation sprach er mit seinen zwei Sekretärinnen über Erwartungen, Erfahrungen in den USA und seine Ziele. Sie waren zunächst nervös und unsicher und befürchteten, von ihm überfordert zu werden. Im Gespräch wurde deutlich, daß er anders war als die Vorgesetzten, die sie bisher kannten. In einem Fax an die Mitarbeiter berichtete er von Fehlern, die er gemacht hatte, und von Erfolgen einzelner Teammitglieder. Er ging mit einer Selbstverständlichkeit offen mit Zahlen, Umsätzen und Überlegungen um, die den Mitarbeitern sehr schnell deutlich machte, daß hier ein neuer Kommunikationsstil einzog.

Besuche in der Region

So waren die ersten zwei Wochen schon mit Ereignissen und Gesprächen gefüllt, die die Worte von Dr. M. bei seiner Vorstellung symbolisch unterstrichen. Er setzte dies fort, indem er seine Besuche und Gespräche mit Mitarbeitern ernst nahm. Bereits nach den ersten Gesprächen änderte er sein bisheriges Vorgehen. Er ließ die Mitarbeiter nicht mehr nach Berlin kommen, sondern suchte sie auf. *„Lieber war mir ein Gespräch in einem Hotel nach einem Kundenbesuch als das Kommenlassen der Mitarbeiter nach Berlin. Ich wollte ihnen lieber entgegenkommen und sie in ihrem Terrain aufsuchen.“*

Zwei Tage in der Woche nahm er sich Zeit für Kundenbesuche, zwei Tage benötigte er in Berlin, und einen Tag war er in L. bei der wöchentlichen Sitzung des Bereichs. Er besuchte die Tagungen der einzelnen Teams und stand für schwierige Gespräche mit Kunden zur Verfügung.

Schwerpunkte setzen und Chancen nutzen

Faßt man mit etwas Distanz das zusammen, was Dr. M. getan hat, so ist es genau das, was erfolgreiche Führungswechsler tun. Er setzte Schwerpunkte und nutzte nahezu jede Chance, die sich bot, um deutlich zu machen, daß er es damit ernst meinte:

Eine verantwortliche Personalpolitik, eine moderne kundenorientierte Struktur und Effizienz waren die Schwerpunkte von Dr. M. In den Gesprächen mit den Mitarbeitern, in den Diskussionen im Team, bei Kundenbesuchen und bei vielen anderen Gelegenheiten gelang es ihm immer wieder, deutlich zu machen, daß er diese Ziele verfolgte.

So nutzte er einige Wochen nach Antritt seiner Position eine große Kundenveranstaltung, um in der Begrüßungsansprache sein beliebtes Thema Service aufzugreifen. Dies war nicht nur eine Botschaft an die Kunden, sondern auch an die Mitarbeiter. Sie hörten aufmerksam zu, als er vor über 150 Kunden davon sprach, wie wichtig ihm Service sei. Dabei, das machte er auch deutlich, müßten ihm allerdings auch die Kunden entgegenkommen. Sie müßten offen und ohne Scheu mitteilen, was sie von dem Unternehmen erwarteten.

Ein Thema stellte er zu diesem Zeitpunkt bewußt zurück. Er hatte sich im letzten Jahr in den Vereinigten Staaten um verkaufsfördernde Maßnahmen bemüht. „Strategic selling", also strategisches Verkaufen, war eines seiner Themen, das er den Mitarbeitern nahebringen wollte. Es war ihm nicht entgangen, daß diese, wie so viele Außendienstleute, allzusehr von Tagesereignissen überschüttet wurden und von Tageseindrücken lebten. Er stellte es zurück. Schnell wurde ihm deutlich, daß es für dieses Thema zu früh war. Es war zu bedrohlich für die Mitarbeiter, die das Verkaufsgeschäft in den letzten zwei Jahren gerade erst gelernt hatten. Er hatte die Geduld abzuwarten, und nach ca. sechs Monaten entwickelte sich dieses Thema von alleine. Die Mitarbeiter begannen aufgrund seiner eigenen Verkaufsgespräche im Rahmen von Kundenbesuchen nach neuen Konzepten zu fragen.

Literaturverzeichnis

Attems, Rudolf & Holzer, Adalbert: Spitzenleistungen in die Praxis umsetzen. Wien 1989

Beer, Michael: Wie Verjüngungskampagnen ein sicherer Erfolg werden. Harvard Manager 4/91

Berth, Rolf: Visionäres Management. Die Philosophie der Innovation. Düsseldorf, Wien, New York 1992

Böckmann, Walter: Sinnorientierte Führung als Kunst der Motivation. Landsberg/Lech 1987

Dörner, Dietrich: Die Logik des Mißlingens. Reinbek bei Hamburg 1989

Gabarro, J. John: Leitende in neuen Positionen. Die Dynamik des Übernahmeprozesses. Wiesbaden 1988

Gilmore, Thomas N.: Making a leadership change. San Francisco, California 1988

Krebsbach-Gnath, Camilla: Den Wandel in Unternehmen steuern. Frankfurt (Main) 1992

Neuberger, Oswald: Führen und geführt werden. Stuttgart 1990

Peters, J. Thomas & Waterman, H. Robert: Auf der Suche nach Spitzenleistungen. Was man von den bestgeführten US-Unternehmen lernen kann. München 1990

Pfeffer, Jefrey: Power Management. Endlich wirkungsvoll führen. Boston, Massachusetts, Wien 1992

Simon, Hermann: Weit voraus. Manager Magazin 3/89

Staehle, Wolfgang H.: Handbuch Management. Die 24 Rollen der exzellenten Führungskraft. Wiesbaden 1991

Abbildungsverzeichnis

Stichwortverzeichnis